KB267637

시니어 강사 2.0

시니어 강사 2.0

인생 전환 실전서
50 이후,
시니어 강사라는
두 번째 직업

이상희 지음

모모
북스

평생의 경륜, 이제 세상의 마중물이 되다

평생을 바쳐 쌓아온 경험, 수없이 고비를 넘기며 견뎌온 삶의 페이지들. 우리는 그것을 '경륜'이라 부릅니다. 하지만 많은 이들이 은퇴라는 문턱 앞에서 그 소중한 보물지도를 서랍 깊숙이 넣어두곤 합니다. "내가 아는 것이 요즘 세상에도 통할까?"라는 막연한 의문 때문입니다.

결론부터 말씀드리면, 세상은 그 어느 때보다 당신의 이야기를 간절히 기다리고 있습니다.

나침반: 시작하는 강사를 위하여

강단에 서기로 결심한 예비 강사 여러분, 강의는 단순히 지식을 전달하는 행위가 아닙니다. 한 사람이 통과해 온 삶의 궤적을 나누어, 타인의 시행착오를 줄여주는 고귀한 헌신입니다.

처음엔 모든 것이 막막할 수 있습니다. '무엇을 가르쳐야 할지', '어떻게 첫마디를 떼야 할지' 고민하는 그 마음을 깊이 공감합니다. 이 책의 전반부는 당신의 손을 잡고 길을 안내하는 '나침반'이 되어줄 것입니다. 당신 안에 잠들어 있는 원석을 발견하고, 그것을 '강의'라는 빛나는 보석으로 세공하는 법을 차근차근 전해드리겠습니다.

거울: 현직 강사들의 기획부터 상황 대처까지

이미 현장에서 시니어 대상 강의를 하고 계신 현직 강사 여러분, 혹시 '익숙함'이라는 함정에 빠져 있지는 않으신가요? 매번 똑같은 교안과 농담, 그리고 강의가 끝난 뒤 밀려오는 알 수 없는 공허함. 그것은 정체의 신호가 아니라, 더 높은 곳으로 도약해야 한다는 내면의 갈망입니다.

이 책의 후반부는 당신의 현재를 비추는 '거울'입니다. '나는 변화하는 시대의 흐름을 반영하고 있는가?', '학습자들의 삶에 실질적인 변화를 일으키고 있는가?'라는 질문 앞에 당당히 설 수 있도록 돕겠습니다. 스스로를 점검하는 과정은 때로 아플 수 있지만, 그 과정을 통과한 강사만이 '대체 불가능한 전문가'로 거듭날 수 있습니다.

멈춰 있던 심장을 다시 뛰게 하는 가방

동네 골목 어귀, 집에서 멀지 않은 경로당 문을 열면 그곳의 공기는 대체로 무겁게 가라앉습니다. 늘 어딘가 불편하다는 통증의 호소, 딱히 재미있을 것 없는 일상의 무기력이 안개처럼 깔려 있죠. 그분들에게 경로당은 멀리 나가지 않아도 되는 유일한 사랑방이자, 서로의 안부를 물을 수 있는 마지막 보루입니다.

그 적막한 공간에 제가 큼지막한 가방을 메고 들어섭니다. 가방 안에는 어르신들이 난생처음 보는 신기한 도구들이 가득합니다. "그게 다 뭐다냐?"라며 낯설어하시던 어르신들 앞에 게임판을 펼치고 박자에 맞춰 노래를 부르기 시작합니다.

그때, 작은 기적이 일어납니다.

무겁던 어깨가 들썩이고 굽어 있던 허리가 펴집니다. 도구 하나에 집중하며 아이처럼 까르르 웃음을 터뜨리는 순간, 어르신들의 얼굴에서 질병의 그림자와 세월의 고단함이 씻겨 내려갑니다. "아이고, 허리 아픈 줄도 모르고 놀았네!"라는 그 한마디. 그 찰나의 순간만큼은 고통을 잊고 온전히 '지금 이 순간'의 즐거움에 머무시는 겁니다.

사실 고백하자면, 환하게 바뀐 그분들의 표정을 마주할 때 제 몸 안에도 짜릿한 에너지가 솟구칩니다. 온몸을 감도는 도파민과 엔도르핀. 그것은 가르치는 자가 누리는 최고의 보상이자, 제가 내일도 다시 가방을 꾸리게 만드는 원동력입니다.

이 일은 단순히 지식을 전달하는 작업이 아닙니다. 누군가의 아픔을 잠시 잊게 하고, 멈춰 있던 심장을 다시 뛰게 하는 일입니다.

예비 강사 여러분, 당신은 가방에 무엇을 채워 그 문을 열고 싶으신가요? 현직 강사 여러분, 당신은 최근 그 뜨거운 전율을 청중과 함께 나누셨나요?

이제 저와 함께 그 가방을 제대로 꾸려보려 합니다. 누군가에게는 '살아야 할 이유'를 선물하고, 나에게는 '살아 있는 기쁨'을 주는 시니어 강사의 길. 그 설레는 여정을 시작합니다.

치매안심경로당
1

대한치매예방협회 회장 **윤경필**

초고령사회에서 치매 예방과 인지 건강 증진은 우리 사회가 반드시 해결해야 할 중요한 과제입니다. 신체운동과 음악 활동을 결합한 통합적 접근은 과학적 근거와 현장 활용성을 갖춘 효과적인 치매 예방 방법으로 평가받고 있습니다.

본 도서는 시니어 강사가 현장에서 바로 활용할 수 있도록 신체운동, 도구 활용, 음악 활동을 체계적으로 구성한 실천 중심의 전문서입니다. 수업의 안전성과 흥미성, 지속성을 고려한 구성은 주간보호센터, 요양시설, 평생교육 현장에서 전문적이고 표준화된 프로그램 운영에 크게 기여할 것입니다.

이상희 교수님께서 오랜 기간 치매 예방 교육과 현장 보급에 힘써 오신 경험이 집약된 본 도서는 협회의 방향성과도 부합하며, 시니어 강사의 역량 강화와 치매 없는 사회 구현을 위한 의미 있는 길잡이가 될 것으로 기대합니다.

대한힐링교육 대표 **신나라**

항상 상냥한 미소로 모든 사람들과 좋은 인연을 맺어온 이상희 교수님은 소통의 아이콘이라고 불리고 현장에서 함께 호흡하며 지켜본 이상희 교수님은 누구보다 뜨거운 열정과 깊이 있는 통찰력을 가진 전문가입니다. 시니어 교육은 단순히 지식을 전달하는 것을 넘어, 그분들의 삶의 여정을 이해하고 공감하는 과정이기에 누구나 함께 할 수는 있지만 얼마만큼 잘 소통 하느냐에 따라 천차만별 달라지는 영역입니다. 그런데 이상희 교수님은 먼저 다가가고 먼저 손 내밀어주는 사람입니다.

이 책에는 그런 교수님이 지난 수년간 수많은 어르신들과 소통하며 쌓아온 실전 노하우가 고스란히 녹아 있습니다. 이론에 치우치지 않고 현장의 생생한 목소리를 담아낸 이 책은, 시니어 교육의 질을 한 단계 높여줄 소중한 자산이 될 것입니다. 제2의 인생을 설계하는 시니어들과 그들을 돕는 교육자들에게 이 책을 기쁜 마음으로 추천하고 축하드립니다.

스마일디자이너, 시니어 현장 강의 16년 차 **이경애**

저는 16년 동안 교안보다 사람의 얼굴을 먼저 보며 강의해 왔습니다. 이 책은 강의를 잘하는 방법을 알려주는 책이 아니라 왜 다시 강단에 서야 하는지를 묻는 책입니다. 현장은 늘 계획대로 흘러가지 않습니다. 같은 교안 같은 말인데도 어느 날은 닿고 어느 날은 공허합니다. 그 차이는 기술이 아니라 강사가 어떤 마음으로 서 있는가에 있습니다.

이 책은 경험은 늙지 않고 진심은 전해진다는 것, 시니어 강사란 지식을 전달하는 사람이 아니라 자기 삶으로 타인의 시간을 밝혀 주는 사람이라는 사실을 정직하게 짚어줍니다. 이미 현장에서 강의하고 있는 분에게는 자신을 돌아보게 하는 거울이 되고 이제 시작하려는 분에게는 흔들릴 때 다시 붙잡을 수 있는 나침반이 될 책입니다. 그리고 '어떻게 강사가 될 것인가'보다 '왜 이 일을 계속해야 하는가'에 끝까지 책임지는 책입니다.

세종대학교 시니어 산업과 대학원 주임교수 **박흥진**

이 책은 강사가 되는 기술을 설명하지 않습니다. 그보다 먼저, 한 사람이 자신의 삶을 어떻게 다시 일으켜 세우는지를 보여줍니다. 시니어와 강사를 현장에서 교육 해온 경험과 치열한 성찰이 문장마다 배어 있습니다. 학교에서 성장의 과정을 함께한 사람으로서, 이 책의 진정성을 믿습니다. 시니어 강사를 꿈꾸는 이라면 반드시 한 번은 마주해야 할 책입니다.

<시프트 마인드셋> 작가 · 세종대학교 겸임교수/창업학 박사 — 단단한 시니어 강사의 힘 **정성목**

이 책은 교안보다 먼저, 사람의 얼굴을 떠올리게 합니다. 이상희 작가님은 살아 있는 경험이 어떻게 수익이 되고, 그것이 지속 가능한 직업으로 전환되는지를 보여줍니다. 시니어 강사를 개인의 재능이 아닌 하나의 산업 주체로 설계하며, 경험을 콘텐츠와 성장 구조로 바꾸는 드문 실전서입니다. 은퇴

이후의 삶을 '의미'로만 설명하기 어려운 시대, 이 책은 의미와 현금흐름을 동시에 증명하고 싶은 분들께 지금 왜 시니어 강사가 되어야 하는지를 분명히 제시합니다.

『외모도 실력이다』의 저자/ 유룩굿 대표 **장소진**

"50 이후의 삶, 이제 '강사'라는 이름으로 당신의 가치를 증명하라!『시니어 강사 2.0』이 당신의 두 번째 명함을 만들어드립니다."

"중학교 시절부터 곁에서 지켜본 이상희 작가는 목표를 향해 무섭게 돌진하는 남다른 추진력을 가진 친구입니다. 그런 그녀가 50 이후의 삶을 고민하는 이들을 위해 펴낸『시니어 강사 2.0』은 본인의 치열한 실행력이 고스란히 녹아 있는 '인생 전환의 실전 설계도'와 같습니다.

이 책은 막연한 구상에 머물러 있는 이들에게는 '지금 당장' 시작할 수 있는 강력한 동기부여를, 현직 강사들에게는 한 단계 더 도약할 수 있는 명확한 방향성을 제시합니다. 인생 후반전, 머뭇거림 없이 나만의 무대를 만들고 싶은 모든 분께 이 열정 가득한 지침서를 기쁜 마음으로 추천합니다."

현대 자동차 부사장 **김흥수**

이상희 교수님의 이 책은 단순한 관련 지식의 나열이 아닌, 이교수님의 교육, 서비스 업계에서의 오랜 경험과 무엇보다 사람에 대한 본질적 이해가 뒷받침된 실제적이고 깊이 있는 내용의 집합체입니다.

지금까지의 인생 전반을 기반으로 더욱 의미 있는 '후반전'을 준비하시는 분들에게 통찰과 확신의 지침서가 될 것입니다.

원자력연구원 부장/ 연세대학교 겸임교수 **김민규**

이상희 작가님을 만난 것이 40년이 넘었지만 시간이 지날수록 더욱 커지는 그녀의 열정과 에너지에 늘 놀라지 않을 수 없습니다. 바쁜 일정 가운데 발간한 책을 단번에 읽어보고 또 한번 경이로움을 느꼈습니다. 이 책은 단지 시니어 강사를 위한 책이 아닙니다. 저와 같이 연로하신 부모님을 모시고 있는 분들에게, 또 인생의 두 번째 무대를 준비하고 있는 모든 분에게 꼭 필요한 내용입니다.

유튜브 최사모TV 운영자 **최진주**

초고령사회 속에서 시니어 교육은 이제 '선택'이 아닌 '전문성'의 영역이 되었습니다. 〈시니어 강사 2.0〉은 시니어 강사를 꿈꾸는 이들과 현장에서 활동 중인 강사들에게 실제적인 방향을 제시하는 귀한 지침서입니다. 현장에서 직접 부딪히며 쌓아온 경험을 바탕으로, 학문과 실천을 균형 있게 풀어낸 내용들은 이 책의 신뢰도를 단단히 뒷받침해 줍니다.

특히 오래전부터 '최사모TV' 관련 자료를 실제 수업에 적용하며 현장에서 효과를 확인해 온 점에서, 저자의 실천성과 현장성을 높이 평가합니다. 이 책에 담긴 프로그램과 사례들은 강의실에서 만들어진 이론이 아니라, 어르신들의 삶 속에서 검증된 결과물입니다. 이 책은 초보 강사에게는 나침반이 되고, 기존 강사에게는 초심을 회복하게 하는 거울이 될 것입니다. 더 많은 현장에 이 책이 닿아, 어르신들의 하루가 더욱 존엄하고 따뜻해지기를 기대합니다.

민쌤 안무연구소 대표, 안무가 **민서영**

시니어를 대상으로 수업을 해본 사람은 압니다. 이 현장이 얼마나 따뜻하면서도, 동시에 얼마나 전문성을 요구하는지요. 〈시니어 강사 2.0〉은 바로 그 현실을 제대로 담아낸 책입니다. 이론만 이야기하지 않고, 현장에서 바로 써먹을 수 있는 고민과 해답을 솔직하게 풀어냈습니다. 특히 좋았던 점은, 시니어를 '대상'이 아닌 '사람'으로 바라보는 시선입니다. 수업 기술보다 먼저 태도를 이야기하는 이 책은, 그래서 더 믿음이 갑니다. 이제 막 시니어 강의를 시작하는 분들에겐 길을 잡아주는 안내서가, 현장에서 활동 중인 강사들에겐 자신을 돌아보게 하는 기준이 되어줄 것입니다. 시니어 교육은 결국 사람을 만나는 일입니다. 그 길을 먼저 걸어본 이의 진심 어린 조언이 담긴 이 책을 기쁘게 추천합니다.

㈜상상바이노 대표이사 이학박사 이영상

시니어가 시니어를 돌보아야 하는 초고령화 시대에 만난 한 권의 책 〈시니어 강사 2.0〉은 이런 느낌을 주는 책이었습니다. 소중한 물건을 서랍 속 깊은 곳에 잘 둔다고 두었다가 그 물건의 존재마저 잊은 채 살아온 내게 우연히 찾아낸 보물섬의 보물지도와 같은 한 권의 책을 마주한 느낌이었습니다.

많은 강사가 이 책을 교범으로 삼아 시니어들이 행복한 사회
가 되었으면 하는 바람입니다.

법전세무회계 대표, 세무사 **김성한**

이 책은 저자가 20년 이상 시니어 복지 현장에서 수많은
시니어분들과 함께 웃고 때로는 울면서 깨달은 실전 지혜가
듬뿍 담겨 있습니다. 시니어 강사로서 새로운 출발을 하는 분
들에게는 불필요한 시행착오를 줄여주고, 초심을 유지시켜주
는 지침서가 될 것이 분명합니다.

㈜인스팟 이사 **민혜진**

이상희 교수님은 끊임없는 탐구와 타의 추종을 불허하는
열정의 소유자입니다. 새로운 분야에 주저 없이 뛰어드는 그
녀의 도전 정신은 지켜보는 이들에게 늘 깊은 울림과 존경심

을 줍니다. 이번 책 역시 지칠 줄 모르는 학구열과 현장에서 발로 뛰며 체득한 노하우가 집약된 소중한 결정체입니다.

저자의 진정한 강점은 단순히 지식을 전달하는 기술에 머물지 않습니다. 사람에 대한 깊은 애정과 따뜻한 친절함이 배어 있는 그녀의 태도(Attitude)야말로 시니어 강사가 갖춰야 할 최고의 표본이라 할 수 있습니다.

삶의 궤적을 나누며 제2의 무대를 준비하는 분들에게 저자의 진심이 담긴 이 책이 가장 명확한 길잡이가 되어줄 것입니다. 도전하는 삶이 얼마나 아름다운지 몸소 증명해낸 저자의 열정에 박수를 보내며, 시니어 강사를 꿈꾸는 모든 분께 이 책을 기쁜 마음으로 추천합니다.

대한피부항노화학회 수석부회장,
분당 리지엔피부과 대표원장 **임동진**

첫 페이지를 여는 순간 끝까지 내달렸다. 여러 단상이 내

머릿속을 지나간다. 기존 의학의 틀을 넘어 slow aging, well aging의 전문가가 되어보겠다는 초심, 파킨슨과 알츠하이머의 파고를 넘지 못한 나의 부모님, 노년을 건강하고 의미 있게 꾸려가려는 많은 환자분, 그리고 그분들과 점점 더 깊은 공감으로 함께 익어가는 나의 모습. 마지막으로 찰랑거리는 엔도르핀으로 자칫 어둠이 지려는 시니어의 날씨에 등대의 빛을 비추어주는 친애하는 초등 동창 이상희 교수의 밝고 긍정적인 삶의 궤적! 교육이 필요한 주니어처럼 시니어는 또 다른 교육이 필요한 시니어임을 깨달았다. 최고의 노후대책은 돈이 아니라 바로 근육이다. 다만 걷는데도 근육이 필요하지만 생각하는 데 뇌의 근육이 필요하고 깊은 숙면에도 수면 근육이 필요하다는 게 현대의학의 새 개념이다. 이 책은 그러한 근육 발달의 요령을 알려준다. 그리고 최고의 학습은 가르쳐보는 것이란 또 하나의 진리를 보여준다. 은퇴 후의 내게도 새로운 직업의 목표가 생겼다.

세종대학교 미래교육원 교수, 실버인지 전문강사 **송미선**

이 책은 시니어 강사를 위한 안내서이자, 자신을 비춰보게 하는 거울입니다. '무엇을 가르칠 것인가'보다 먼저 '누구를 만나고 있는가, 어떤 마음으로 서 있는가'를 묻는 책이기 때문입니다. 초고령사회라는 거대한 흐름 속에서 시니어를 대상이 아닌 성장하는 존재로 바라보는 저자의 시선은 강사라는 역할을 다시 정의하게 만듭니다. 공감의 근육을 단련하는 법에서부터 경로당과 요양원을 넘나드는 현장 설계, 수많은 실전 사례와 프로그램 속에는 어르신을 향한 존중, 기다림, 그리고 함께 웃는 법이 고스란히 담겨 있습니다.

이 책은 처음 강단에 서려는 이들에게는 나침반이 되고, 이미 현장을 걷고 있는 강사에게는 자신을 돌아보는 거울이 되어줍니다. 시니어 강사를 꿈꾸는 분들, 그리고 오늘도 어르신 앞에 서는 모든 강사에게 이 책을 진심으로 추천합니다. 시니어의 오늘을 함께 걷고, 내일을 조용히 밝혀 주고 싶은 모든 강사에게 이 책을 권합니다.

한국청년회의소 연수원 회의진행법 교수/

인성에서 길을 찾다 저자 **오경희**

이 책의 저자와 저는 고등학교 시절부터 인연을 이어온 동창입니다. 오랜 시간 서로의 삶을 지켜보며 느낀 것은, 저자가 늘 사람을 가르치는 태도를 삶 속에서 실천해 왔다는 점입니다. 이 책은 시니어 강사를 위한 단순한 강의 기법서가 아닙니다. 현장에서 쌓아온 경험, 나이 들어서야 비로소 말할 수 있는 통찰, 그리고 후배 세대와 소통하려는 진지한 고민이 담긴 기록입니다. 강사가 '무엇을 가르칠 것인가'보다 '어떤 사람으로 서야 하는가'를 묻는 책이라 느꼈습니다.

특히 시니어 세대가 강사로서 제2의 삶을 준비하는 과정에서 겪는 불안과 확신의 순간들을 현실적으로 담아내고 있어, 예비 강사뿐 아니라 이미 강단에 선 이들에게도 깊은 공감을 줄 것입니다. 빠르게 소모되는 자기계발서와 달리, 이 책은 오래 곁에 두고 참고하게 될 콘텐츠라고 생각합니다. 오랜 세월 저자의 성장을 지켜본 사람으로서, 이 책은 충분히 출판될 가치가 있으며, 시니어 강사 시장에서 의미 있는 역할을 하게 될 것이라 확신합니다.

한국가창학회 가요강사지도자과정 지도교수 김순겸

오래 전 줄리아 로보트와 샐리라는 닉네임으로 동호회에서 만난 인연입니다. 차분하고 꾸준한 성격과 남을 배려하고 자상한 훌륭한 인품의 그녀가 내가 몸담은 시니어 강사의 길을 시작해서 차근차근 자기의 길을 개척해 가는 모습을 보며 응원하고 있었는데, 이제는 어느덧 내게 강의를 요청하고 〈시니어 강사 2.0〉 도서까지 출간하게 되었습니다.

35년 전 1세대 인기 강사인 내 이모 정덕희 교수님의 출간 기념회에 참석하여 정덕희 교수님에게 박수와 찬사를 보냈듯, 이제는 이상희 교수님의 출간을 축하하며 박수와 찬사를 보내고 이상희 교수님 앞날에 눈 부신 햇살만 가득하길 응원합니다.

단국대 특수교육대학원 **조영주**

이 책은 저자의 삶 속에서 오랜 시간 익히고 발효된 영양분들을 필요한 몸속 세포 구석구석에 유연하고 재빠르게 전달해 주는 것만 같다. 현장의 전문가들이 대상을 어떻게 바라보아야 하는지를 생생하게 전하고 있다. 아니! 대상이 아니라 그 또한 미래의 또 다른 '나'라는 것을 실감 나게 이야기해 준다. 이상희 교수의 실천적 수업모델, 현장경험들에는 사람을 향한 존중과 회복의 열쇠가 숨어져 있다. 첫 페이지부터 마무리까지 숨 가쁘게 읽어 내려갔고, 상담 현장에서 마주했던 시니어들의 존엄에 대한 열망을 다시 한번 보듬게 해주었다. 한 사람의 열정과 사랑이 우리가 속한 공동체에 선한 영향력을 뿜어내기 시작한 것에 대해 박수와 응원을 보낸다.

신용컴퓨터 대표, 생국수본가 정가네 국수 회장, 성악가 **신용근**

이 책은 교안이 아니라 사람의 경험에서 출발합니다. 이상희 작가님의 삶의 실천을 바로 방향성을 제시하는 것과 같습니다. 시니어의 살아온 이야기를 콘텐츠로 바꿔 수익 구조를 만들고 강사를 개인이 아닌 하나의 산업 주체로 설계한 듯합니다. 의미와 현금 흐름을 동시에 증명하는 실전성이기도 하고요.

평안북도 후계세대육성위원회 위원장 김용

저자는 본인이 직접 겪은 간병 경험을 통해 큰 사명을 가지고 시니어 산업에 발을 내디뎠다. 내가 아는 저자는 매사에 성실하고 늘 배우려는 자세를 지녔다. 인생 중반에 시작한 분야임에도 빠르게 유능한 실버 전문가가 되었다.

이 책은 시니어 강사를 시작하려는 이들에게는 이론뿐만 아니라 저자의 생생한 경험을 바탕으로 한 하나의 교과서가 될 것이다. 더불어 인생의 후반전을 준비하는 이들에게도 인생에 도움이 되는 하나의 나침반이 될 것이다. 아무쪼록 이

책을 통해 시니어 강사에게 그리고 새롭게 준비하는 사람에

게 기대한 것 이상의 결과를 얻어가길 희망한다.

목차

제1부

나침반
- 시작하는 강사들을 위하여

제1장 시니어 교육의 이해
- 인생의 가을을 봄으로 바꾸는 힘

제2부

겨울
- 현직 강사들의 기획부터 상황 대처까지

나침반

- 시작하는 강사를 위하여

제1장

시니어 교육의 이해
- 인생의 가을을 봄으로 바꾸는 힘

1

초고령사회라는 거대한 물결,
우리는 모두 나중의 나를 만나는 중입니다

창밖의 풍경은 계절마다 옷을 갈아입지만, 우리가 마주한 사회의 풍경은 이전과는 전혀 다른 속도로 변하고 있습니다. 뉴스에서는 연일 '초고령사회'라는 단어가 쏟아집니다. 통계청 발표에 따르면 우리나라는 인구 5명 중 1명이 65세 이상인 시대에 진입했습니다. 하지만 숫자가 주는 경고보다 더 차갑게 피부에 와닿는 것은, 우리 집 거실에서 혹은 이웃집 대문 너머에서 들려오는 노년의 가쁜 숨소리입니다.

저 역시 그 물결 속에 있었습니다. 오랜 시간 피아노 건반 위에서 아이들의 꿈을 연주하던 제 삶에 '치매'라는 불청객이 찾아온 것은 예고 없는 일이었습니다. 무남독녀 외동딸로서, 고관절 수술 후 서서히 기억을 잃어가시는 아버지를 7년간 지키며 비로소 깨달았습니다. 초고령사회라는 거창한 담론은 결국 '누군가의 부모님'이자, 머지않은 미래에 마주할 '나 중의 나'에 관한 이야기라는 것을 말입니다.

과거의 노년이 단순히 '돌봄'과 '부양'의 대상이었다면, 이제는 패러다임이 바뀌어야 합니다. 100세 시대라는 긴 여정 속 어르신들에게 필요한 것은 따뜻한 밥 한 끼를 넘어선 '존엄한 삶의 의미'입니다. 이제 시니어 교육은 단순히 시간을 보내기 위한 취미 활동이 아닙니다. 고립된 방에서 나와 타인과 연결되고, 굳어가는 뇌세포를 자극하며 스스로 존재 가치를 확인하는 '생존의 문제'이자 '성장의 과정'이 되었습니다.

우리는 흔히 '먹고사는 문제'가 해결되면 모든 걱정이 사라질 거라 믿곤 합니다. 하지만 배고픔이 해결된 자리에 찾아오는 것은 '어떻게 남은 시간을 살아갈 것인가'라는 더 본질적인 질문입니다. 시니어 돌봄 역시 마찬가지입니다. 당장 끼니를 챙겨드리고 거처를 마련해 드리는 '생존형 복지'를 넘어, 이제는 '질적인 삶'에 대한 고민이 반드시 뒤따라야 합니다.

냉정하게 현실을 짚어보자면, 시니어 교육은 어르신들의 무료함을 달래주는 서비스를 넘어 국가의 미래가 걸린 가장 효율적인 '경제 전략'이기도 합니다. 치매나 만성 질환이 발생한 뒤 지출되는 천문학적인 치료비와 간병비, 그로 인해 무너지는 가족의 삶을 생각한다면 말입니다.

우리가 현장에서 전하는 인지 향상 프로그램과 체조, 심리 상담은 어르신들이 질병의 늪으로 빠지지 않도록 붙잡아주는 '방파제' 역할을 합니다. 교육을 통해 건강을 유지하고 치매를 예방하는 것은, 우리 사회가 지출해야 할 막대한 사회적 비용을 아끼는 가장 지혜로운 투자입니다. 사후약방문(死後藥方文) 식의 처방보다는, 교육이라는 이름의 '예방 주사'를 통해 어르신들이 스스로 건강한 일상을 지키게 하는 것. 이것이야말로 초고령사회를 맞이한 대한민국이 나아가야 할 가장 현명한 길입니다.

프로그램실에서 어르신들과 함께 웃고 박수치는 그 짧은

시간들이 모여, 누군가의 아버지는 더 오래 자식의 이름을 기억하고, 누군가의 어머니는 더 오래 스스로 걷는 기쁨을 누리게 됩니다. 강사가 건네는 색종이 한 장, 음악 한 자락이 단순한 소품을 넘어 '세금을 아끼고 가정을 지키는 보약'이 되는 기적. 이것이 제가 시니어 교육 현장을 떠나지 못하는 이유입니다.

저는 아버지를 간병하며 울고 웃었던 고단한 현장의 경험과 세종대학교 대학원에서 시니어 산업을 연구하며 정립한 이론의 토대 위에서 확신합니다. 인생의 가을을 맞이한 어르신들에게 교육이라는 따스한 햇볕을 비춰드린다면, 그분들의 삶은 다시 한번 찬란한 봄으로 피어날 수 있습니다. 우리는 지금, 그 경이로운 변화의 시작점에 서 있습니다.

2

시니어의 몸,
아는 만큼 사랑할 수 있습니다

모두가 잠든 새벽 6시, 성동구의 한 공간은 어르신들의 열기로 이른 아침을 깨웁니다. 제가 진행했던 생활체육 체조교실은 스트레칭으로 몸을 열고, 밴드 운동과 근력 운동으로 힘을 기른 뒤, 신나는 댄스로 마무리하는 구성이었습니다. 처음엔 '과연 이 이른 시간에 어르신들이 오실까' 걱정했지만, 현장에서 목격한 변화들은 제 우려를 기분 좋은 경이로움으로 바꿔놓았습니다.

가장 기억에 남는 분은 87세의 고령이셨던 할머니입니다. 처음 뵈었을 때 할머니는 계단 하나를 내려오는 것조차 버거워하실 정도로 하체 근육이 약해진 상태였습니다. 하지만 할머니는 단 하루도 빠지지 않고 새벽 공기를 가르며 나오셨습니다. 그렇게 석 달이 채 되지 않았을 무렵, 놀라운 변화가 일어났습니다. 계단을 내려오는 할머니의 발걸음이 눈에 띄게 빨라지신 겁니다. 꾸준한 운동으로 붙은 근육이 할머니의 낡은 관절을 든든하게 받쳐주기 시작한 것이지요.

또 다른 어르신은 가족 여행의 추억을 들려주셨습니다. 예전에는 여행을 가도 다리에 힘이 없어 늘 뒤처지기 일쑤라 자녀들 눈치가 보였다고 하셨지요. 그런데 매일 저와 함께 근육을 단련한 덕분에, 최근 여행에서는 오히려 앞장서서 걷게 되셨답니다. "선생님 덕분에 자식들이 우리 엄마 달라졌다고 얼마나 놀라고 좋아했는지 몰라요!"라며 제 손을 꼭 잡고 환하게 웃으시던 그 미소를 저는 잊을 수 없습니다.

어르신들의 사랑은 때로 가슴 뭉클한 모습으로 찾아오기도 합니다. 어느 날은 수업하러 가는 길목에 한 어르신이 서 계시더군요. 그러더니 경동시장에서 귀하게 사 오신 인삼을 제 입에 넣어주시고는 손에도 듬뿍 들려주셨습니다. "강사님

이 건강해야 우리가 이 좋은 수업을 하루도 안 빠지고 받을
거 아냐!"라며 제 건강을 먼저 챙겨주시는 마음. 그 인삼은 세
상 그 어떤 보약보다 썼지만, 동시에 가장 달콤한 응원이었습
니다.

"재밌다, 몸이 달라진다"는 소문은 무서운 속도로 퍼져나
갔습니다. 단 7명으로 시작했던 새벽 수업은 어느덧 70명의
어르신이 강의실을 꽉 채우는 '기적'이 되었습니다. 지금도 제
유튜브 영상 속에 담긴, 7명에서 70명으로 늘어가는 역동적
인 과정들을 보고 있으면 새삼 가슴이 벅차오릅니다.

이 경험들을 통해 저는 확신했습니다. 시니어의 몸은 정직
합니다. 비록 기계처럼 닳고 낡았을지언정, 제대로 알고 사랑
을 담아 움직여준다면 근육은 다시 붙고 삶의 속도는 빨라집
니다. 시니어 강사는 단순히 동작을 가르치는 사람이 아니라,
어르신들에게 '다시 걷고 다시 여행할 수 있다는 희망'을 근육
으로 선물하는 사람입니다.

실제로 현장에서 만나는 어르신들은 고혈압, 당뇨 같은 만

성 질환은 물론 어깨 회전근개 파열, 허리 디스크, 인공관절 수술 등 저마다 '훈장' 같은 통증을 안고 계십니다. 문제는 많은 어르신이 "나이 들면 다 아픈 거지"라며 자신의 몸 상태를 방치하거나, 오히려 운동하면 큰일 난다는 두려움에 몸을 더 웅크린다는 점입니다. 하지만 내 몸을 아는 만큼 통증에서 자유로워질 수 있습니다.

시니어 운동은 단순히 살을 빼거나 멋진 몸매를 만드는 것이 목적이 아닙니다. 그것은 '생존의 근육'을 만드는 일이며, 타인에게 의지하지 않고 스스로 화장실에 가고 장을 볼 수 있는 '일상의 독립'을 쟁취하는 과정입니다.

먼저, 원활한 혈액순환은 시니어 건강의 핵심입니다. 정체된 혈류를 깨우는 운동은 세포 곳곳에 영양을 공급하고 염증 수치를 낮춰줍니다. "손발이 차고 저리다"던 어르신들이 수업 후 온몸에 온기가 돌고 안색이 맑아지는 이유는 바로 이 '순환의 힘' 때문입니다.

또한, 몸과 뇌는 하나로 연결되어 있습니다. 복잡한 댄스

스텝을 외우고 양손을 다르게 움직이는 프로그램은 뇌세포를 자극하는 가장 즐거운 방법입니다. 손끝과 발끝을 세밀하게 움직이며 박자에 맞춰 웃다 보면, 어르신들의 인지 기능은 자연스럽게 강화됩니다. 몸이 움직이면 마음의 문이 열리고, 닫혔던 뇌의 회로가 다시 활기를 띠기 시작하는 것입니다.

결국 강사인 제가 해야 할 일은 어르신들이 본인의 몸을 '고장 난 기계'가 아닌 '관리하면 더 쓸 수 있는 소중한 자산'으로 여기게 돕는 것입니다. 통증의 원인을 이해하고 그에 맞는 적절한 가동 범위를 찾아갈 때, 어르신들은 비로소 자신의 몸을 다시 사랑하기 시작합니다.

아는 만큼 보이고, 아는 만큼 사랑할 수 있습니다. 어르신들이 자신의 몸을 제대로 알고, 그 소중한 몸으로 남은 생을 당당하게 걸어 나가시도록 돕는 것. 그것이 제가 새벽 공기를 가르며 현장으로 달려가는 이유이자, 우리 시니어 강사들이 멈추지 말아야 할 사명입니다.

3

시니어의 마음과 뇌,
아는 만큼 보이는 예방의 기술

어르신들을 만나면 가장 많이 듣는 걱정이 있습니다. "선생님, 자꾸 깜빡거려요. 이거 혹시 치매 아닐까요?" 그럴 때마다 저는 어르신들의 손을 꼭 잡고 말씀드립니다. "어르신, 뇌도 기계와 같아서 관리가 필요해요. 제가 오늘부터 세 가지 황금 열쇠를 드릴 테니, 이것만 꼭 기억하세요."

제가 현장에서, 그리고 대학원에서 시니어 산업을 연구하며 정립한 치매 예방의 첫 번째 열쇠는 '뇌로 가는 혈류를 뚫어주는 심폐 운동'입니다. 뇌는 우리 몸의 지휘본부이지만, 스스로 에너지를 만들지는 못합니다. 심장이 힘차게 펌프질을 해줘야 깨끗한 혈액과 산소가 뇌 구석구석까지 전달되지요. 제가 새벽 6시마다 어르신들과 숨이 차도록 밴드를 당기고 댄스를 했던 이유는 단순히 근력을 기르기 위함이 아니었습니다. 뇌로 가는 고속도로를 시원하게 뚫어, 뇌세포가 굶지 않고 활발하게 움직이게 하려는 가장 적극적인 '뇌 처방전'이었습니다.

두 번째 열쇠는 '뇌의 회로를 연결하는 다양한 자극'입니다. 도로가 잘 닦였다면 이제 그 위로 '정보'라는 차들이 다녀야 합니다. 저는 수업 시간에 끊임없이 새로운 학습을 제안하고 놀이와 음악을 융합합니다. 춤을 추며 복잡한 순서를 외우고, 손을 움직여 미술 작품을 만드는 모든 과정은 뇌의 회로를 더 촘촘하고 튼튼하게 연결합니다. 인지 능력은 쓰지 않으면 녹슬지만, 즐거운 자극이 더해지면 나이와 상관없이 다시 반짝일 수 있습니다. 학습하고, 놀고, 춤추는 것은 뇌를 젊게 만드는 최고의 보약입니다.

마지막 세 번째 열쇠는 '정직한 영양과 깊은 수면'입니다. 아무리 좋은 운동과 학습을 해도, 정작 뇌를 채울 연료가 부

족하거나 고장 난 곳을 수선할 시간이 없다면 소용이 없습니다. 어르신들께 늘 당부드리는 것이 '잘 드시고 잘 자야 한다'는 것입니다. 영양가 있는 식사는 뇌의 훌륭한 연료가 되고, 깊은 잠은 낮 동안 뇌 속에 쌓인 노폐물을 깨끗이 씻어내는 정화 시간이 됩니다.

이 세 가지 기둥이 단단히 버텨줄 때, 치매라는 불청객은 감히 우리 곁을 넘보지 못합니다. '숨차게 움직이고, 즐겁게 배우고, 잘 먹고 푹 자는 것.' 이 평범해 보이는 일상이 모여 어르신의 기억력을 지키고 존엄한 노년을 완성합니다.

하지만 이 세 가지 열쇠를 온전히 작동시키기 위해 강사인 제가 마지막으로 준비하는 비밀 재료가 있습니다. 바로 '정서적 유대감'이라는 이름의 윤활유입니다. 아무리 좋은 처방도 어르신의 마음이 닫혀 있으면 뇌는 정보를 받아들이지 않습니다. 고립과 외로움은 시니어의 뇌를 가장 빠르게 노화시키는 독소이기 때문입니다.

저는 수업 시간에 의도적으로 옆 사람과 손을 맞잡게 하거나, 눈을 맞추며 환하게 웃는 시간을 만듭니다. 낯선 이들과 섞여 박수를 치고 '잘하신다!', '멋지다!'라는 응원을 주고받는 순간, 어르신들의 뇌에서는 행복 호르몬인 도파민과 옥시토신이 뿜어져 나옵니다. 이 정서적 고양 상태야말로 뇌세포를 재생시키고 인지 기능을 방어하는 가장 강력한 보호막이 됩니다.

또한, 저는 어르신들께 '작은 성취의 기쁨'을 선물하려 애씁니다. '나이 먹어 이제 아무것도 못 해'라고 낙담하던 어르신이 지난주엔 못 했던 스텝을 외우고, 밴드를 한 뼘 더 당기게 되었을 때 느끼는 희열은 뇌의 보상 회로를 강력하게 자극합니다. '나도 아직 할 수 있다'는 자기효능감은 치매 예방을 넘어 삶 전체를 관통하는 활력으로 이어집니다. 뇌 건강은 단순히 인지 기능을 유지하는 숫자의 문제가 아니라, 내 삶의 주도권을 끝까지 놓지 않겠다는 '존엄의 의지'인 것입니다.

대학원 강의실에서 배운 데이터와 현장의 땀방울이 만나는 지점에서 저는 매일 기적을 봅니다. 굳어있던 표정이 미소로 바뀌고, 무기력했던 눈빛이 배움의 열기로 반짝이는 과정 자체가 바로 최고의 예방 기술입니다.

강사인 저에게 '아는 만큼 보인다'는 말은 이제 다른 의미로 다가옵니다. 어르신의 몸 상태를 아는 것을 넘어 그분들의 고독과 두려움을 이해할 때, 비로소 진정한 예방의 길이 보이기 시작합니다. 오늘도 저는 뇌로 가는 고속도로를 시원하게 달리며, 노년의 기억이 흐릿해지지 않도록 사랑과 열정이라는 이정표를 세우고 있습니다.

4

그럼에도 불구하고 성장을 멈추지 않는 존재, 시니어

나이가 들면 뇌의 크기가 조금씩 줄어들고 정보 처리 속도가 예전만 못하게 되는 것은 거스를 수 없는 자연의 섭리입니다. 인간의 뇌 노화는 30대부터 시작되어 때로는 몸보다 더 빠르게 진행되기도 합니다. 80세가 되면 질병이 없더라도 뇌의 크기는 위축되고 밀도는 낮아집니다. 물리적으로 뇌는 작아질지 모릅니다. 하지만 제가 현장에서 만난 수많은 어르신은 결코 '위축된 존재'가 아니었습니다. 오히려 그 안에는 젊은 시절에는 가질 수 없었던, 오랜 세월 풍파를 견디며 빚어낸 거대한 지혜의 도서관이 자리 잡고 있었습니다.

심리학에서는 이를 '결정성 지능(Crystallized Intelligence)'이라고 부릅니다. 수치를 계산하거나 암기하는 속도는 조금 느려질지 몰라도, 삶의 맥락을 짚어내고 복잡한 문제를 통찰력 있게 바라보는 능력은 나이가 들수록 더욱 깊고 단단해집니다. 어르신들은 단순히 지식을 습득하는 '학습자'를 넘어, 이미 몸소 겪어낸 삶의 궤적이 하나의 거대한 콘텐츠가 된 '지혜의 소유자'들입니다.

그렇기에 시니어 교육 현장에서 제가 마주하는 어르신들은 '호모 에루디투스(Homo Eruditus)', 즉 '죽는 순간까지 배우는 인간' 그 자체입니다. 뇌세포의 노화를 걱정하며 방 안에 머무는 대신, 무거운 몸을 이끌고 강의실로 나와 새로운 동작을 익히고 도구를 잡는 그 뒷모습은 고귀한 생명력의 증거입니다.

시니어에게 교육은 단순히 정보를 얻는 창구가 아닙니다. '나는 아직 할 수 있다'는 자기효능감을 확인하는 장소이며, 나를 알아주는 이들과 연결되는 소통의 광장입니다. 뇌가 조금 깜빡거리고 몸이 예전 같지 않아도, 누군가와 함께 웃고 배우는 과정 속에서 어르신들은 다시금 삶의 주인공으로 우

   제1부 나침반 - 시작하는 강사를 위하여

뚝 서게 됩니다.

　어르신들은 노화가 시작되면 신체의 통증뿐만 아니라 마음의 병을 먼저 호소하시곤 합니다. "순발력도 판단력도 예전 같지 않아 자꾸 잊어버리는 내 모습이 우울해서 집 밖으로 나가기가 싫어." 의욕도 없고 웃을 일도 없다는 그 말씀은 현장에서 마주하는 가장 가슴 아픈 고백입니다. 그래서 저는 수업의 첫 번째 목표를 언제나 '웃음'에 둡니다. 거창한 지식을 전달하기보다 굳어 있는 얼굴 근육을 풀고 함께 크게 웃는 것에서부터 치매 예방은 시작됩니다.

　특히 게임이나 인지 학습을 진행할 때 제가 가장 공을 들이는 부분은 '성취감'입니다. "처음 해보는 건데 내가 어떻게 해?"라며 손사래를 치시던 어르신이 반복 연습 끝에 퍼즐을 맞추고 동작을 따라 하시는 순간, "어머, 나도 되네!"라며 아이처럼 기뻐하십니다. 그 찰나의 환희가 무너졌던 자존감을 다시 세우고, 내일 다시 세상 밖으로 나올 의욕을 만듭니다.

　이러한 생생한 변화를 직접 눈으로 확인하지 않고서 어떻게 강사를 가르칠 수 있을까요? 제가 여전히 현장을 고집하는 이유는 직접 어르신들을 만나 프로그램을 진행해야만 '검증된 교육'이 가능하기 때문입니다. 어르신들의 컨디션과 교육 수준은 매일 다릅니다. 이 변화무쌍한 현장의 온도를 몸으로 익힌 강사만이 다음 세대의 강사들에게 진짜 살아있는 교육법을 전수할 수 있습니다.

후배 강사들에게 저는 늘 강조합니다. '우리는 어르신의 시간을 사는 사람'이라고 말입니다. 어르신들에게 오늘 한 시간의 수업은 단순한 여가가 아니라, 내일의 독립을 결정짓는 치열한 재활이자 생존의 시간입니다. 그 귀한 시간을 책임지는 강사는 어르신의 신체 구조를 해부학적으로 이해하는 것은 물론, 그분들이 살아온 세월의 무게를 존중하는 마음가짐을 갖춰야 합니다.

결국 시니어 교육의 종착지는 '회복'입니다. 무너졌던 신체 기능을 회복하고, 고립되었던 사회적 관계를 회복하며, 무엇보다 '자신을 사랑하는 마음'을 회복하는 것입니다. 뇌의 밀도는 조금 낮아졌을지언정, 우리가 함께하는 시간을 통해 마음의 밀도는 그 어느 때보다 촘촘해질 수 있습니다.

인생의 가을, 우리는 지는 해를 바라보는 것이 아니라 내일 다시 떠오를 해를 준비하는 사람들입니다. 그 위대한 여정에 함께하는 모든 강사와 어르신들에게 저의 이 현장 기록이 작지만 단단한 지팡이가 되기를 소망합니다.

제2장

시니어 강사가 되다

1

강사의 첫 번째 덕목,
기술보다 중요한 것은 공감의 근육이다

여성인력개발센터나 세종대학교 미래교육원에서 강사를 꿈꾸는 분들을 만날 때, 제가 가장 먼저 던지는 질문이 있습니다. "여러분은 왜 시니어 강사가 되려고 하시나요?"

퇴직 후 제2의 인생을 설계하시는 분들이나 육아로 인해 경력이 단절되었던 여성분들이 가장 선호하는 직업 중 하나가 바로 강사입니다. 업무 시간을 유연하게 조정할 수 있고, 가르침을 통해 자존감을 높일 수 있기 때문이죠. 그중에서도 시니어 강사는 진입 문턱이 아주 높지는 않은 편입니다. 그래서 많은 분이 관심을 두고 자격증 취득을 위해 분주히 움직이곤 합니다. 하지만 저는 강조하고 싶습니다. 단순히 '할 수 있는 일'을 찾는 것을 넘어, 어르신을 존중하고 그분들의 행복한 노년을 돕겠다는 뜨거운 소명의식을 먼저 품어달라고 말입니다.

많은 분이 화려한 강의 기법이나 최신 인지 교구 활용법을 배우고 싶어 합니다. 하지만 제가 7년의 간병 현장과 수천 시간의 강의실에서 깨달은 진리는 명확합니다. 어르신들의 마음을 여는 것은 화려한 PPT가 아니라, 강사의 눈빛에 담긴 '진심'과 '공감의 근육'입니다.

시니어 교육은 일반적인 지식 전달과 결이 다릅니다. 어르신들은 강사가 나를 '교육 대상'으로 보는지, 아니면 '존엄한 인격'으로 대하는지 본능적으로 알아차리십니다. 제가 성동구 체조 교실에서 수강생을 7명에서 70명으로 늘릴 수 있었던 비결 역시 대단한 기술이 아니었습니다. 무릎이 아파 뒤처지는 어르신의 보폭에 맞춰 함께 걸어드리고, "어르신, 오늘 색깔이 참 고우시네요"라며 소소한 일상을 먼저 물어봐 드린 덕분이었습니다.

강사 양성 과정에서 제가 가장 강조하는 것은 바로 이 '현장의 온도'를 읽는 법입니다. '어르신들이 왜 이 동작을 힘들어하실까?', '오늘 왜 유독 강의실 분위기가 무거울까?'를 예민하게 살필 줄 알아야 합니다.

한번은 이런 일이 있었습니다. 평소 같으면 제가 등장하자마자 환영의 박수를 쳐주시던 분들이 그날따라 웃음기도 없고 분위기가 무겁게 가라앉아 있었습니다. 저는 어떻게든 즐겁게 해드리려고 땀을 한 바가지 흘리며 고군분투했지요. 수업 후 데이케어센터 복지사님이 말씀하시더군요. "강사님, 오늘 수업 힘드셨죠? 어르신들이 단체로 코로나 예방주사를 맞아서 컨디션이 안 좋으셨거든요. 그런데도 눕지 않고 수업에 끝까지 참여하신 게 정말 놀라운 일이에요."

그 사실을 미리 알았더라면 무리한 운동 대신 옛 영화나 사진을 보며 노래를 부르는 프로그램으로 유연하게 바꿨을 것입니다. 하지만 현장에서는 강사에게 이런 변수를 미리 친절하게 알려주는 경우가 드뭅니다. 복지 현장은 늘 바쁘고 예상치 못한 사건이 끊이지 않기 때문입니다. 결국, 현장에서 분위기를 감지하고 즉석에서 '플랜 B'를 꺼낼 수 있는 준비성과 역량은 온전히 강사의 몫입니다.

공감의 근육이 단단한 강사는 어르신이 실수를 해도 당황하지 않게 "어머, 이건 저도 가끔 틀려요! 다시 하면 되죠"라며 유머로 승화시킬 줄 압니다. 강사는 의사처럼 병을 직접 고칠 수는 없지만, 어르신의 상처 입은 자존감을 치유해드릴 수는 있습니다. "선생님 덕분에 내가 다시 쓸모 있는 사람이 된 것 같아"라는 말을 듣는 순간, 그 강사는 이미 기술자를 넘어선 전문가가 된 것입니다.

저는 예비 강사들이 교안을 외우기 전에, 어르신들의 삶을 먼저 읽어내는 따뜻한 시선을 갖추길 바랍니다. 준비해온 운동 동작이 오늘따라 버겁게 느껴진다면 박자를 늦추고 옛 추억을 소환하는 이야기꽃을 피워보세요. 화려한 최신곡 대신 청춘이 담긴 유행가를 틀어드리는 센스가 필요합니다. 어르신들은 강사가 자신의 몸 상태를 세밀하게 배려하고 있다는 것을 느끼는 순간, 더 깊은 신뢰를 보내주십니다.

경력 단절을 딛고 다시 사회로 나온 여성들에게 시니어 강사는 단순히 생계 수단 그 이상입니다. "선생님 덕분에 오늘 하루가 즐거웠어", "다음 주가 기다려져"라는 인사를 들을 때마다, 우리 안의 멈춰있던 자존감도 함께 살아납니다. 나를 필요로 하는 누군가가 있다는 사실은 그 무엇과도 바꿀 수 없는 직업적 보람입니다.

기술은 연습하면 늘지만, 공감은 마음을 써야 깊어집니다. 화려한 기법보다는 어르신의 굽은 등 뒤에서 따뜻한 손길을 내밀 수 있는 강사, 어르신들의 느린 속도를 기다려줄 줄 아는 강사가 되어주시길 바랍니다. 그 진심 어린 공감이 바탕이 될 때, 여러분의 수업은 단순한 교육을 넘어 어르신들의 삶을 바꾸는 마법 같은 시간이 될 것입니다.

[현장 돌발 상황 대응 Tip]

Q. 오늘따라 어르신들 표정이 어둡고 참여도가 낮다면?
    Check 1: 센터의 공지 확인(백신 접종, 전날 행사 유무 등).
    Action 1: 템포가 빠른 곡 대신 서정적인 곡으로 시작하며 호흡
        다듬기.

Action 2: 격렬한 동작보다는 가벼운 안마나 손뼉 치기 등으로 스킨십 유도하기.

[예비 강사를 위한 한 줄 메시지]

"교안은 머리로 외우지만, 수업은 가슴으로 하는 것입니다. 어르신의 오늘을 먼저 물어봐 주세요."

2

대상에 따른 맞춤형 설계,
경로당에서 요양원까지

단발머리를 질러 묶고 어깨에는 교구가 가득 든 커다란 가방을 멥니다. 한 손에는 캐리어까지 끌고 경로당 문을 열면, 마치 보물 보따리를 든 손님을 맞이하듯 어르신들의 시선이 제 가방으로 쏠립니다. "선생님, 오늘은 또 그 무거운 가방에 뭘 들고 왔어?"라는 반가운 물음표가 제 강의의 시작입니다. 아파트 경비 아저씨는 매일 짐을 챙겨 나서는 저를 보며 "어디 여행 가시나 봐요?"라고 묻곤 하십니다. 그러면 저는 웃으며 대답합니다. "네, 경로당으로 여행 가는 중이에요!" 정말이지 저는 매일 아침 경로당으로 여행을 떠나는 설레는 마음으로 현장에 나섭니다.

하지만 강사의 가방 속 내용물은 매번 달라져야 합니다. 시니어 교육 현장은 결코 단일하지 않기 때문입니다. 활기 넘치는 경로당과 신체적 제약이 많은 요양원의 수업은 그 온도 차만큼이나 설계도 달라야 합니다.

첫째, 경로당과 복지관은 '사회적 소통과 재미'가 핵심입니다. 이곳 어르신들은 거동이 자유롭고 인지 상태도 양호하십니다. 그래서 '지루함'은 강사의 최대 적입니다. 제가 성동구에서 70명의 수강생을 모을 수 있었던 비결은 바로 '역동성'이었습니다. 단순히 동작을 따라 하는 것을 넘어, 옆 사람과 손을 잡고 박자를 맞추는 레크리에이션, 최신 트로트에 맞춘 라인댄스 등 '함께 즐기고 있다'는 연결감을 드려야 합니다. 이곳의 교안은 늘 활기차야 하며, 강사의 목소리 톤도 한 층 높여야 합니다.

둘째, 데이케어센터와 요양원은 '존엄과 유지'에 집중해야 합니다. 휠체어에 앉아 계시거나 와상 상태인 어르신들이 많은 이곳에서는 화려한 댄스보다 '손끝의 기적'에 집중합니다. 미술 심리나 음악 치료를 통해 남아 있는 인지 기능을 최대한

유지하고 정서적 안정을 드리는 것이 목표입니다. 색종이를
찢는 작은 동작 하나에도 "어르신, 이 색깔 참 곱지요? 예전엔
어떤 색 옷을 좋아하셨어요?"라고 물으며 행복했던 기억을
소환해 드리는 섬세한 접근이 필요합니다.

셋째, 강사 양성 과정에서는 '전문성과 현장성'을 전달합니
다. 야간 강의를 통해 만나는 직장인 예비 강사들의 열정을
볼 때면 저 역시 더 많은 것을 전수하겠다고 다짐하게 됩니
다. 저는 제자들에게 늘 강조합니다. "가방만 크다고 좋은 강
사가 아닙니다. 어르신의 건강 상태와 교육 수준에 맞춰 언제
든 꺼낼 수 있는 '맞춤형 레시피'가 머릿속에 있어야 합니다."
어르신의 눈높이에 맞춰 목소리의 억양과 빠르기를 조절하
고, 짧은 내용을 반복하여 익히게 하는 유연함이야말로 베테
랑 강사가 갖춰야 할 자산입니다.

때때로 상담을 하시는 분들 중 "성격이 내성적이고 목소리
도 작은데 제가 할 수 있을까요?"라고 묻는 분들이 계십니다.
저는 그런 분들에게 자신 있게 "Yes"라고 말씀드립니다. 시니
어 현장에는 열정적인 에너지형 강사도 필요하지만, 조용히

어르신의 이야기를 경청하고 공감해 주는 서정적인 스타일의 강사도 반드시 필요하기 때문입니다.

말수가 적은 강사는 오히려 미술 치료나 회상 프로그램에서 빛을 발합니다. 어르신이 옛 사진을 보며 회상에 젖을 때, 서두르지 않고 그 침묵을 기다려 주는 인내심은 어르신에게 '내 이야기가 존중받고 있다'는 안도감을 줍니다. 큰 목소리보다 더 힘이 센 것은 진심 어린 눈맞춤입니다. 실제로 제 조언을 듣고 옛 사진과 노래를 활용한 회상 프로그램부터 시작하신 초보 강사님들이 3년 만에 인기 강사가 된 사례가 많습니다. 그 비결은 완벽한 기법이 아니라, 지난주에 아프다던 다리는 좀 어떠신지 나직이 물어봐 주는 그 '섬세함'에 있었습니다.

오늘도 제 가방은 무겁지만, 그 안에 든 것은 단순한 교구가 아닙니다. 경로당 어르신에게는 '활력'을, 요양원 어르신에게는 '위로'를, 예비 강사들에게는 '실전 노하우'를 배달한다는 사명감이 그 무게를 지탱하게 합니다. 내 가방 속 보물들이 누군가에게는 다시 일어설 근육이 되고, 누군가에게는 잊었던 웃음이 되며, 또 누군가에게는 새로운 인생의 나침반이 된다는 것. 이보다 더 가슴 벅찬 여행이 또 있을까요?

1. [강사 유형 자가 테스트] (간단한 체크리스트)

A형(에너지형): 트로트 댄스, 레크리에이션, 큰 목소리의 소유자 → 경로당/복지관 추천

B형(공감형): 미술/원예 치료, 회상 프로그램, 경청의 달인 → 요양원/데이케어센터 추천

결론: 어떤 유형이든 당신만의 색깔로 어르신들을 빛낼 수 있습니다.

2. [가방 속 필수 아이템 5가지]

1) 블루투스 스피커, 무선 마이크(미니 앰프 40W 이상, USB/SD 카드 호환 가능, MP3플레이어 가능, AUX단자 가능)

2) 프로젝터 사용시 : 노트북, 프로젝터 젠더, HDMI선

3) 알록달록한 스카프나 공(소근육 운동용)

4) 비상용 사탕(당 충전 및 보상용) : 데이케어센터나 요양원에선 드려도 되는지 확인받아야 함.

5) 그리고 어떤 상황에도 잃지 않을 '웃음'

3

7명을 70명으로 만든
마법의 교수법

　처음 성동구청 생활체육 체조교실에 발을 들였을 때, 적십자 건물 맞은 편 교육장소엔 단 일곱 분뿐이었습니다. 썰렁한 공기 속에 어색한 침묵이 흘렀지요. 하지만 저는 실망하지 않았습니다. 오히려 그 일곱 분을 '나의 가장 열렬한 팬'으로 만들겠다는 각오로 가방을 풀었습니다. 그리고 얼마 지나지 않아, 그 강의실은 70명의 어르신이 뿜어내는 열기로 발 디딜 틈 없는 '강의 맛집'이 되었습니다. 사람들은 묻습니다. "대체 어떤 마법을 부린 건가요?"

비밀 1: 눈높이를 맞춘 '감성 터치'

저는 강의 시작 전 10분을 가장 소중히 여깁니다. 단순히 출석을 체크하는 시간이 아닙니다. 어르신 한 분 한 분과 눈을 맞추며 "어머님, 오늘 스카프 색깔이 얼굴을 확 살려주네요!", "아버님, 오늘 걸음걸이가 훨씬 힘차지셨는데요?"라며 구체적인 칭찬을 건넵니다. 어르신들은 강사가 나를 '기억하고 있다'는 사실에 비로소 마음을 여십니다. 마음이 열리면 몸은 저절로 움직이게 되어 있습니다.

비밀 2: 지루할 틈 없는 '하이브리드 구성'

시니어 교육의 핵심은 '변주'입니다. 스트레칭으로 시작해 근육 운동으로 몸을 달구고, 마지막에는 신나는 트로트 댄스로 에너지를 폭발시킵니다. 87세 할머니가 계단을 뛰어 내려가게 만든 근력 운동은 결코 딱딱하지 않았습니다. 게임을 접목하고 옆 사람과 하이파이브를 하게 하며 '운동'을 '놀이'로 승화시켰지요. "이 수업에 오면 한 번은 꼭 크게 웃고 간다"는 소문이 나면서, 어르신들이 친구의 손을 잡고 하나둘 모여들기 시작했습니다.

비밀 3: 강사의 '미친 에너지'와 진심

어르신들은 강사의 컨디션을 누구보다 빠르게 읽어내십니다. 제가 경동시장 인삼을 입에 물고서라도 최상의 컨디션을 유지하려 애썼던 이유입니다. 강사가 앞에서 120%의 에너지를 쏟아내면, 어르신들은 그 기운을 받아 80%, 100%의 움직임을 보여주십니다. 제가 흘리는 땀방울이 어르신들에게는 '살아야 할 의욕'이자 '건강해질 수 있다는 확신'으로 전달된다는 것을 알기에, 저는 단 한 순간도 적당히 할 수 없었습니다.

비밀 4: '희망의 입소문'과 커뮤니티의 힘

시니어 교육 시장에서 가장 강력한 마케팅은 구청의 홍보 책자가 아니라, 수업을 마친 어르신들이 식당에서 나누는 "거기 강사 진짜 재밌어, 몸이 가벼워져!"라는 한마디입니다. 7명이 70명이 되는 과정에서 본 가장 감동적인 장면은 어르신들이 스스로 '홍보대사'가 되어주신 것이었습니다. "선생님, 우리 옆집 순이 엄마도 데려왔어. 이 양반 무릎 아파서 고생하는데 선생님 기운 좀 나눠줘!"라며 수줍게 친구의 손을 이끌고 오시는 모습들. 그분들은 자신이 찾은 '희망의 열차'에 사랑하는 사람들을 함께 태우고 싶으셨던 것입니다.

비밀 5: 익숙함 속의 '새로움'과 소속감

어르신들은 반복되는 루틴에서 안정감을 느끼시지만, 매번 똑같은 패턴에는 금방 흥미를 잃으십니다. 그래서 저는 매주 작은 '깜짝 선물'을 준비합니다. 평소와 다른 색깔의 밴드를 준비하거나, 가장 핫한 트로트 곡에 맞춰 새로운 율동을 가미합니다. 또한, 수업 중간에 팀을 나누어 가벼운 시합을 붙여드리거나 서로 자세를 잡아주게 하며 '우리'라는 공동체 의식을 심어드렸습니다. 홀로 사는 외로움에 지쳐 있던 어르신들에게 이 강의실은 '나를 반겨주는 사람들이 있는 아지트'가 되었습니다.

이제 저는 후배 강사들에게 감히 말씀드립니다. 처음 시작할 때 수강생 숫자가 적다고 결코 의기소침하지 마세요. 썰렁한 강의실을 채우는 것은 화려한 스펙이 아니라, 단 한 명의 어르신이라도 끝까지 책임지겠다는 '강사의 집요한 진심'입니다. 일곱 분의 마음을 진심으로 얻었다면 이미 70명을 얻은 것이나 다름없습니다. 어르신들의 '진짜 팬'이 되어주세요. 그러면 어르신들은 기꺼이 여러분의 '든든한 지원군'이 되어 강의실을 가득 채워주실 것입니다.

현장이 답이다,
강사 양성과정에서 내가 가르치는 것들

강사 양성과정에 오시는 분들은 제게 묻습니다. "자격증만 따면 바로 현장에 나갈 수 있나요?" 그럴 때마다 저는 빙긋이 웃으며 대답합니다. "자격증은 면허증일 뿐입니다. 진짜 운전은 도로 위에서 배우셔야 하듯, 진짜 강의는 현장에서 배우는 것입니다."

제가 예비 강사들에게 가장 강조하는 것은 '살아있는 프로그램의 변형'입니다. 이론서에 나오는 프로그램은 완벽해 보이지만, 실제 현장에서는 무용지물이 될 때가 많습니다. 어떤 날은 무릎이 아픈 어르신이 유독 많을 수도 있고, 어떤 날은 글자를 읽기 힘든 분들이 오실 수도 있습니다. 강사는 그날의 온도와 어르신들의 건강 상태, 교육 수준에 맞춰 준비한 내용을 즉석에서 1단, 2단, 3단으로 변형할 줄 알아야 합니다.

80대 어르신에게 60대 수준의 빠른 댄스를 요구하는 것은 교육이 아니라 고문에 가깝습니다. 반대로 충분히 활동하실 수 있는 분들에게 지나치게 쉬운 내용만 가르치면 금방 흥미를 잃으십니다. 이러한 '현장 대응력'은 오직 직접 어르신을 만나고 그들의 숨소리를 들어본 강사만이 가질 수 있는 전문성입니다.

그래서 저는 교안 작성법만큼이나 '관찰의 기술'을 심도 있게 가르칩니다. 강사는 강의실에 들어서는 순간 어르신들의 걷는 모양새, 얼굴의 부기, 강의실에 흐르는 적막함 등을 예민하게 포착해야 합니다. 이것은 책에서 배울 수 있는 것이 아닙니다. 수없이 현장에 부딪히며 어르신들의 삶에 주파수를 맞춰본 사람만이 가질 수 있는 '직관'입니다.

제가 가르치는 또 하나의 핵심은 '실패한 수업에 대처하는

법'입니다. 공들여 준비한 교구가 너무 어렵거나, 어르신들이 단체로 기운이 없어 분위기가 가라앉을 때가 분명히 옵니다. 이때 당황해서 준비한 내용을 억지로 밀어붙이는 강사는 '하수'입니다. 진정한 '고수'는 그 순간 과감히 음악을 끄고 어르신의 손을 잡습니다.

"어르신, 오늘은 몸보다 마음이 조금 무거우신가 봐요. 우리 오늘은 어려운 동작 말고, 서로 어깨 주물러주며 옛날이야기나 한 자락 할까요?"

유연하게 방향을 트는 강사의 한마디에 어르신들은 오히려 더 깊은 신뢰를 보냅니다. '현장이 답이다'라는 말은, 곧 '어르신의 상태가 정답이다'라는 뜻이기도 합니다. 이를 위해 저는 제자들에게 강사만의 '비장의 카드(Wild Card)'를 최소 3개는 준비해두라고 당부합니다.

◆**기기 고장 시:** 음악 없이도 분위기를 주도할 수 있는 '무반주 손유희'

◆**집중력이 떨어질 때:** 분위기를 단번에 반전시키는 '넌센스 퀴즈'

◆**시간이 남을 때:** 정서적 만족감을 주는 '명상과 덕담'

이러한 카드들은 현장에서 진땀을 흘려본 경험이 쌓여 만들어지는 귀한 자산입니다. 저 역시 처음에는 떨리는 목소리를 감추기 급급했지만, 7년의 세월 동안 어르신들과 울고 웃으며 이제는 어떤 상황에서도 여유를 부릴 수 있는 '현장 전문가'가 되었습니다.

제가 여전히 무거운 캐리어를 끌고 현장을 누비는 이유는 그곳이 가장 정확한 '재교육의 장'이기 때문입니다. 어르신들의 피드백은 냉정하고도 정직합니다. 재미없으면 졸고 계시고, 즐거우면 아이처럼 환호하십니다. 이 정직한 반응들이 저를 끊임없이 공부하게 만들고, 대학원에서 이론을 다듬게 하는 원동력이 됩니다.

강사 양성과정을 마치는 제자들에게 저는 마지막으로 이 말을 전합니다.

"여러분, 강의실 밖으로 나가 어르신들의 거친 손을 직접 잡아보세요. 그 손등에 파인 주름 하나하나가 여러분의 가장 훌륭한 교과서가 될 것입니다. 현장은 여러분을 시험하는 곳

이 아니라, 여러분을 진짜 강사로 완성해 주는 축복의 장소입
니다."

3장

시니어 프로그램 보물창고
- 강사의 가방을 채우는 10가지 열쇠

시니어 교육 현장에서 활용되는 프로그램은 크게 10가지 카테고리로 나뉩니다. 각 프로그램의 특성을 파악하여 나만의 '킬러 콘텐츠'를 조합해 보세요.

1. 음악 활용 인지 프로그램

활동: 음악 감상, 노래 부르기, 악기 연주(마라카스, 소고, 컵타, 톤 차임 등).

특징: 젊은 시절 애창곡을 활용해 뇌 전체를 자극하고 우울감을 해소합니다.

강사의 역할: 지휘자이자 열광적인 관객이 되어 어르신의 흥을 끌어냅니다.

2. 미술 활용 인지 프로그램

활동: 컬러링(색칠하기), 데칼코마니, 점토 만들기, 콜라주.

특징: 시각적 자극과 손끝의 감각을 통해 인지력을 유지하고 성취감을 줍니다.

강사의 역할: 결과물의 완성도보다 과정 속의 '표현'을 지지해 주는 조력자가 됩니다.

3. 신체 활동 인지 프로그램 (댄스·체조·요가)

활동: 실버 댄스, 앉아서 하는 요가, 건강 체조, 스트레칭.

특징: 대근육을 움직여 혈액순환을 돕고 낙상을 예방하는 신체 능력을 키웁니다.

강사의 역할: 어르신의 관절 상태를 고려해 무리하지 않으면서 즐겁게 움직이도록 돕는 페이스메이커입니다.

4. 회상 치료 프로그램 (추억 여행)

활동: 옛날 사진/영화 감상, 옛 물건(다듬이, 놋그릇) 체험, 고향 지도 그리기.

특징: 과거의 성공적 경험을 떠올리며 자아 존중감을 회복하고 인지 기능을 자극합니다.

강사의 역할: 어르신의 인생 이야기를 정성껏 들어주는 경청자가 됩니다.

5. 언어 및 수 인지 프로그램(주위에 사용할 수 있는 AI 활용 가능)

활동: 끝말잇기, 초성 낱말, 속담 맞히기, 사자성어 맞히기, 간단한 시장 보기 계산, 숫자 퍼즐.

특징: 좌뇌와 우뇌를 골고루 사용하여 논리적 사고와 단기 기억력을 훈련합니다.

강사의 역할: 틀려도 괜찮은 분위기를 만들어 '도전하는 즐거움'을 선물합니다.

6. 아로마 및 푸드 테라피

활동: 향기 주머니 만들기, 손 마사지, 쉬운 요리(화전 만들기, 샌드위치 등).

특징: 후각과 미각을 자극해 뇌의 변연계를 활성화하고 심리적 안정을 줍니다.

강사의 역할: 오감을 섬세하게 깨워주는 감각 가이드가 됩니다.

7. 웃음 치료 프로그램

활동: 박장대소 훈련, 웃음 박수, 긍정 확언 따라 하기.

특징: 억지로라도 웃음으로써 엔도르핀을 돌게 하고 안면 근육과 복근을 운동시킵니다.

   제1부 나침반 - 시작하는 강사를 위하여

강사의 역할: 스스로가 먼저 밝은 에너지가 되어 현장의 분위기를 반전시키는 '에너지 부스터'입니다.

8. 손유희 및 레크리에이션

활동: 손가락 율동, 엇박자 손뼉 치기, 단어나 문장을 말하며 동작을 순서대로 외우기

특징: 소근육과 뇌의 협응력을 높이며 집중력을 순식간에 끌어올립니다.

강사의 역할: 아이처럼 천진난만하게 함께 놀아주는 놀이 대장이 됩니다.

9. 보드게임 및 교구 활동

활동: 대형 윷놀이, 색깔 컵 쌓기, 간단한 카드 맞추기, 퍼즐. 주위에서 쉽게 구할 수 있는 도구 활용, AR/VR 활용 게임

특징: 규칙을 이해하고 실행하며 전두엽 기능을 강화하고 사회성을 키웁니다.

강사의 역할: 게임의 규칙을 쉽게 설명하고 공정한 진행을 돕는 심판이자 파트너입니다.

10. 전래놀이 (민속놀이)

활동: 비석치기, 실뜨기, 공기놀이, 투호.

특징: 몸에 밴 익숙한 놀이를 통해 자신감을 회복하고 신체
활동량을 늘립니다.

강사의 역할: 잊혔던 전통의 가치를 일깨우는 문화 전달자가
됩니다.

"이 모든 것을 다 잘할 필요는 없습니다. 내가 가장 즐거운
것 하나를 핵심 무기로 삼고, 나머지를 보조 도구로 섞으세
요. 예를 들어, 음악에 강점이 있다면 '음악+회상' 혹은 '음악+
손유희'로 나만의 독창적인 커리큘럼을 만드는 것입니다. 선
택의 폭이 넓다는 것은 당신이 어르신께 줄 수 있는 선물이
그만큼 많다는 뜻입니다."

1

도구 활용
인지 향상 프로그램

가방 속의 마법: 노래하는 컵 옮기기

"어르신들, 오늘은 제 가방 속에서 알록달록한 컵들을 꺼내왔어요. 요 컵들이 노래를 부른다는데, 한번 들어보실래요?"

어르신들 손에 9개의 빨간색 컵과 맨 위에 꽂힌 파란색 포인트 컵 한 뭉치를 쥐어 드립니다. 처음에는 생소한 도구에 "이걸로 뭘 한다고?" 하며 고개를 갸웃하시던 어르신들도, 박자에 맞춰 컵을 위에서 빼서 아래로 끼워넣기 시작하자 금세 눈빛이 진지해지십니다.

계속 위에서 컵을 빼서 아래로 끼워넣다가 다시 파란 컵이 가장 위에 꽂히게 되면 옆 사람에게 전달해주세요

"자, '내 나이가 어때서' 노래 갑니다! 노래가 끝날 때 컵을 가지고 계신 분이 오늘 우리 교실의 주인공이에요!"

노래가 시작되자 강의실은 긴장감과 웃음이 교차하는 축제의 장으로 변합니다. 컵을 놓칠세라 집중하고, 노래가 끝나갈 때쯤 내 손에 파란 컵이 올까 봐 조마조마해하는 어르신들의 모습은 영락없는 소년, 소녀의 모습입니다.

강사가 들려주는 전문 지식 (뇌 과학 포인트)

손끝에서 일어나는 뇌 혁명 컵을 하나씩 빼서 맨 아래로 끼워 넣는 반복적인 동작은 모든 손가락 근육을 세밀하게 사용하게 합니다. 이는 뇌의 운동 피질을 직접 자극하여 혈류량을 늘리고 뇌세포 간의 연결을 강화하는 효과가 있습니다.

고도의 인지 훈련, 멀티태스킹 손을 움직이는 동시에 노래 가사를 떠올리며 박자를 맞추는 것은 뇌의 전두엽을 강하게 활성화합니다. "마음대로 안 되네!"라고 웃으시는 그 순간, 어르신들의 뇌는 인지력 저하를 늦추기 위해 가장 활발하게 일하고 있는 중입니다.

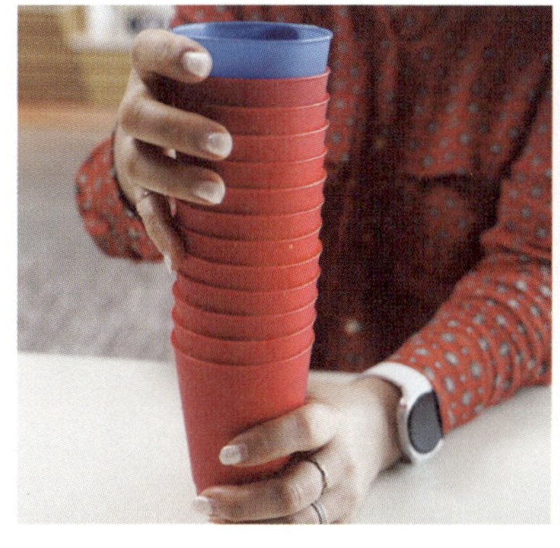

영차영차! 컵 쌓고 노래 부르고!

진행자: "자~ 우리 아버님, 어머님들! 오늘도 즐겁게 손뼉 한 번 치면서 시작해 볼까요? (박수 유도) 오늘은 손가락 근육도 쓰고, 머리도 쓰고, 이웃이랑 정(情)도 나누는 아주 재미있는 게임을 준비했습니다. 이름하여 '컵 쌓기 릴레이'!"

1. 게임 준비 및 규칙 설명

진행자: "앞에 컵들이 있죠? 규칙은 아주 간단해요. 제가 보여

드릴게요.”

    1단계: 맨 밑에 컵 4개를 나란히 놓습니다.

    2단계: 그 위에 3개, 또 그 위에 2개를 차곡차곡 쌓아요.

    3단계: 제일 꼭대기에는? 보석 같은 다른 색깔 컵 1개를 딱!

        올리면 완성!

    4단계: 다 쌓았으면 다시 휘리릭~ 하나로 모아서 옆 사람에

        게 전달하는 겁니다.

진행자: “어렵지 않죠? 옆 사람에게 컵을 넘길 때 ‘사랑합니다

~’ 하고 인사하면서 넘겨주시면 점수가 2배예요! (웃음)”

2. 게임 시작 (음악 큐!)

진행자: “자, 그럼 우리 어르신들이 제일 좋아하시는 노래, ‘내

나이가 어때서’ 갑니다! 노래 부르면서 시작해 볼까요? 음악

주세요!”

(♫노래 시작: 어르신들 떼창 유도)

진행자: (중계하듯 활기차게)“오! 저기 첫 번째 어머님, 손놀림이

예사롭지 않으신데요? 벌써 3층 쌓으셨어요!”, “아이고, 아버

님! 컵이 쓰러져도 괜찮아요. 다시 쌓으면 되죠! 천천히, 영차

영차!”, “옆 사람에게 전달~! 그렇죠. 하하호호 웃으시면서 하

니까 컵이 더 잘 쌓이는 것 같네요!"

3. 긴장감 조성 및 종료

(노래가 절정으로 치달을 때)

진행자: "자, 노래가 이제 끝나가요! 과연 이 행운의⑵ 컵은 누구 손에서 멈출까요? 5, 4, 3, 2, 1… 그만!"

(♫ 음악 정지)

4. 벌칙 이행 (분위기 메이커 시간)

진행자: "아이고! 우리 김점례 어머님 손에서 딱 멈췄네요! 어머님, 당첨되셨습니다~ (박수)"

어머님: (쑥스러워하며) "아이구, 나 노래 못해~"

진행자: "에이, 어머님 아까 노래 제일 크게 부르시는 거 제가 다 봤어요! 자, 우리 다 같이 응원의 박수 세 번 시작! (짝짝짝) 노래 한 곡 시원하게 뽑아주시거나, '나 노래는 진짜 못한다' 하시면 엉덩이로 이름 쓰기 춤 한번 보여주세요!"

(벌칙 수행 후)

진행자: "역시 우리 어머님, 가수 뺨치시네요! 덕분에 우리가 다 즐거웠습니다. 자, 이번엔 노래 바꿔서 한 판 더 가볼까요?"

현장 진행 꿀팁 (Tip)

속도 조절: 어르신들의 손동작 속도에 맞춰 음악의 빠르기를 조절해 주세요.

안전 주의: 너무 서두르다 컵을 떨어뜨려 당황하실 수 있으니 "천천히 하셔도 됩니다"라는 멘트를 수시로 해주세요.

보상: 벌칙이라고 하지만, 노래를 부르신 분께 사탕이나 작은 간식을 드리면 '벌칙'이 아닌 '주인공'이 된 기분을 느끼게 해 드릴 수 있습니다.

기억의 향기를 찾아서: 나물 캐기 게임

"어르신들, 오늘 우리 봄맞이 나물 캐러 들판으로 한번 나가 볼까요?"

강의실 바닥에 쑥, 냉이, 달래, 고사리 사진을 흩어 놓자마자 어르신들의 눈빛이 달라집니다. 평소 무릎이 아프다며 움직이기 귀찮아하시던 분들도 어느새 왼손에는 바구니를 하나씩 끼고, 오른손은 마치 호미를 든 듯 야무지게 준비를 마치십니다.

"자, 이제 제가 부르는 나물을 바구니에 얼른 담으셔야 해요. 자~ 첫 번째 나물은... 향긋한 달래!"

제 목소리가 떨어지기 무섭게 어르신들의 손이 바닥을 훑습니다. "여기 있네!", "아이고, 내가 먼저 캤어!" 여기저기서 즐거운 함성이 터져 나옵니다. 단순히 사진 종이를 줍는 것이 아니라, 어르신들은 지금 각자의 마음속에 있는 고향 뒷산과 봄 들판을 달리고 계신 것입니다.

뇌를 깨우는 두 가지 마법 (뇌 과학 포인트)

회상과 인지: 강사가 "달래"라고 외치는 순간, 어르신의 뇌는 바쁘게 움직입니다. '달래'라는 단어를 듣고 과거에 직접 캤던 기억, 그 향기, 달래장을 만들어 먹던 추억을 이미지와 매칭시킵니다. 이 과정에서 기억을 담당하는 뇌의 해마가 강력하게 활성화됩니다. 단순한 게임이 아니라 어르신들의 삶의 궤적을 자극하는 '기억 치료'가 되는 셈입니다.

공간 지각력과 시지각 강화바닥에 어지럽게 흩어진 여러 사진 중에서 목표물인 '달래'를 빠르게 찾아내는 과정은 고도의 공간 지각력을 요구합니다. 주변의 불필요한 정보는 차단하고 필요한 정보에만 집중하는 시지각 기능을 강화해주어, 어르신들이 일상생활 속에서 물건을 찾거나 길을 찾을 때 필요한 뇌의 근육을 단단하게 만들어줍니다.

게임을 마치고 바구니에 가득 담긴 종이 나물들을 보며 한 어르신이 말씀하셨습니다. "선생님, 사진만 봐도 흙냄새가 나는 것 같아. 오늘 저녁엔 시장 들러서 냉이라도 한 봉지 사 가야겠네." 나물을 캐며 과거의 행복한 기억을 소환하고, 오늘

을 살아갈 새로운 활력을 얻으시는 모습. 그것이 제가 큰 가방을 메고 매일 경로당 문을 열게 하는 가장 큰 보람입니다.

탁! 소리에 날아가는 무기력, 파리·모기 잡기 대작전

무더위가 기승을 부리는 7월의 어느 날, 경로당 어르신들의 어깨는 평소보다 더 처져 보였습니다. 높은 습도와 열기에 지친 어르신들에게 필요한 것은 정적인 학습보다는 쌓인 스트레스를 한 방에 날려버릴 '유쾌한 자극'이었습니다. 저는 가방 속에서 비장의 무기인 색색의 파리채와 큼지막하게 인쇄한 파리, 모기 사진을 꺼냈습니다.

"어르신들! 오늘 우리 집안의 불청객, 요 괘씸한 놈들을 싹 다 잡아볼까요?"

어르신들 앞에 파리와 모기 그림을 한 장씩 놓아드리고, 두 분씩 짝을 지어 파리채를 쥐어 드렸습니다. 처음엔 "아이고, 나이 먹어 눈도 침침한데 저걸 어떻게 잡아~" 하시며 쑥스러워하시던 어르신들이, 제가 "에취! 모기다!"라고 외치는 순간 돌변하셨습니다.

'탁! 탁!'

강의실 여기저기서 경쾌한 타격음이 터져 나왔습니다. 평소 거동이 느릿하시던 80대 어르신도 모기라는 소리에 번개 같은 순발력으로 파리채를 내리치셨습니다. 상대방보다 먼저 잡았을 때의 그 짜릿한 표정! 마치 어린 시절로 돌아간 듯

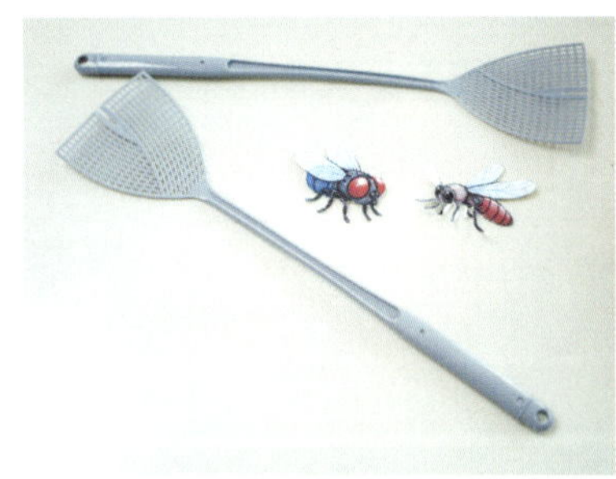
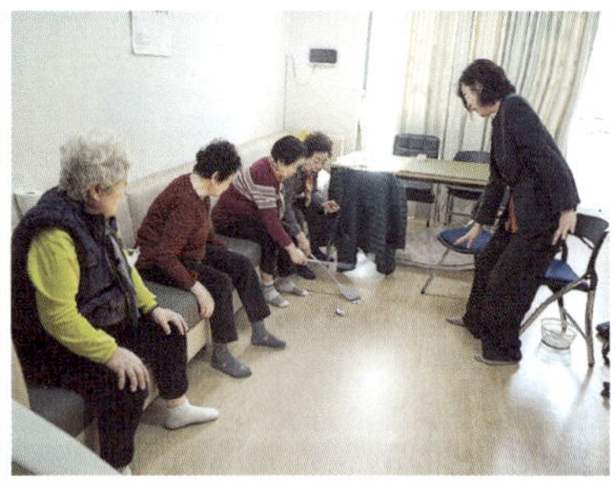

눈을 반짝이며 집중하시는 모습에서 '노화'라는 단어는 찾아볼 수 없었습니다.

이 게임이 진짜 뇌에 주는 선물

이 단순해 보이는 게임에는 두 가지 놀라운 뇌 과학적 원리가 숨어 있습니다.

낙상을 예방하는 '반사신경'의 부활 어르신들에게 순발력은 곧 생명과 직결됩니다. 귀로 듣고(청각 자극), 뇌에서 판단하여, 손을 뻗는(신체 반응) 이 짧은 훈련은 뇌세포 사이의 고속도로를 닦는 작업입니다. 이 연습이 반복되면 일상에서 발을 헛디뎠을 때 뇌가 즉각적으로 근육에 명령을 내려 큰 사고를 막아줍니다.

무기력함을 깨부수는 '카타르시스', '탁!' 소리와 함께 목표물을 명중시킬 때, 뇌에서는 쾌락 호르몬인 도파민이 분비됩니다. "내가 아직 이렇게 빠르네!", "나도 하면 되네!"라는 성취감은 집 안에만 계시며 쌓였던 우울감과 무기력함을 시원하게 씻어내 줍니다.

수업이 끝날 무렵, 땀방울이 맺힌 얼굴로 환하게 웃으시며 한 어르신이 말씀하셨습니다. "선생님, 오늘 속이 다 시원해! 모기 잡느라 우울한 생각할 틈이 없었네!" 강사인 제가 준비한 것은 천 원짜리 파리채와 종이 몇 장뿐이었지만, 어르신들이 얻어간 것은 다시 세상 밖으로 나갈 자신감과 튼튼해진 뇌의 회로였습니다.

엄지발가락에 걸린 검정 고무신과 80년 전의 오빠들

"강사님, 나는 다리가 이래서 못 해. 그냥 구경만 할게."

수업 시작 전, 김 어르신은 평소처럼 구석에 앉아 손사래를 치셨습니다. 오늘 준비한 프로그램은 '아기 검정 고무신 멀리 던지기'. 예쁜 꽃그림을 그려 넣은 앙증맞은 고무신을 엄지발가락에 살짝 걸어 멀리 날려 보내는 게임이었습니다.

사실 강사인 저에게도 모험이었습니다. 잘 걷지 못하시는 어르신들이 과연 이 역동적인 동작을 수행하실 수 있을까? 하지만 저는 어르신의 눈을 맞추며 말씀드렸습니다.

"어르신, 딱 한 번만 저랑 같이 해봐요. 제가 옆에서 꼭 잡아드릴게요. 이 예쁜 꽃고무신이 어르신을 좋은 곳으로 데려다줄지도 모르잖아요."

설득 끝에 일어선 어르신. 그런데 재미있는 광경이 펼쳐졌습니다. 아기용 고무신이라 당연히 발이 들어가지 않는데도, 어르신은 꼭 신어보고 싶으셨는지 억지로 발을 쏙 집어넣으려 애쓰시는 게 아니겠습니까? 그 천진난만한 모습에 교실은 순식간에 웃음바다가 되었습니다.

"자, 하나, 둘, 셋!"

어르신은 한 손으로는 테이블을 꽉 짚고, 제 겨드랑이 부축에 의지해 힘껏 발을 차올리셨습니다. '툭' 하고 날아간 고무신은 거짓말처럼 다른 분들보다 훨씬 멀리 날아가 멈췄습니다.

"세상에, 1등이야! 1등!"

박수갈채가 터져 나왔습니다. 평소 무표정하시던 어르신의 얼굴에 아이 같은 웃음꽃이 피어났습니다. 숨을 고르시던 어르신이 제 손을 꼭 잡으며 말씀하셨습니다.

“강사님, 고마워. 아까 고무신을 던지는데, 옛날에 우리 동네에서 신발 벗어 던지며 놀던 오빠들 생각이 확 나더라고. 내가 그때는 오빠들보다 더 잘 던졌거든. 80년 만에 다시 던져봤네.”

[강사 2.0을 위한 저자의 팁]

이 에피소드가 우리에게 주는 교훈: ‘부축’은 몸이 아니라 마음을 하는 것입니다.

두려움을 설득하는 인내: 어르신들은 신체적 약점 때문에 새로운 시도를 두려워합니다. 강사는 그 두려움을 ‘안전한 부축’으로 녹여내야 합니다.

회상의 방아쇠(Trigger): 검정 고무신이라는 사물은 강력한 회상 도구입니다. 게임이라는 신체 활동에 ‘추억’이라는 정서를 입힐 때 효과는 극대화됩니다.

성취감의 마법: 1등이라는 결과보다 ‘나도 할 수 있다’는 자신감이 어르신의 인지 기능을 깨우는 가장 큰 보약입니다.

활용 팁: 1.고무신을 두 번 벗어던져서 멀리 간 곳에 이름표 스티커를 붙여서 모두 돌아가며 게임이 끝난 후에 가장 멀리 이름표가 붙은 어르신이 우승자가 된다.

2. 천으로 된 점수 게임판을 구입하거나 박스를 붙이
   고 점수를 써 넣은 게임판을 이용하여 두 번 던진
   합산 점수를 기록해서 우승자를 가려낸다.

키질하던 솜씨로 탁구공을 날리다: 계란판 키질 대항전

수업 재료로 계란판과 탁구공을 꺼내자, 어르신들이 의아해
하십니다. "강사님, 이걸로 뭘 하려고?", "어르신들, 옛날에 곡
식 고를 때 키질 좀 해보셨죠? 오늘 그 실력 좀 보려고요!"

계란판 맨 끝 줄에 탁구공 다섯 개를 나란히 놓습니다. 양 손으로 판을 잡고 채질하듯 '톡' 하고 손목 스냅을 주면, 공들이 한 칸씩 앞으로 전진합니다. 연습이 필요할 거라 생각했던 제 예상은 보기 좋게 빗나갔습니다. 평생 농사짓고 살림하며 몸에 익은 '키질'의 감각은 뇌가 아니라 근육이 기억하고 있었기 때문입니다.

연습 게임이 끝나고 분위기를 달구기 위해 팀 대항전을 제안했습니다. 혼자 할 때는 쑥스러워하시던 어르신들이 '우리 팀'이 생기자 눈빛이 달라집니다. 맨 앞사람이 다섯 칸을 다 옮기면 옆 사람에게 빛의 속도로 계란판을 넘깁니다. "빨리빨리!", "아이고, 공 나간다!" 응원 소리에 경로당이 떠나갈 듯합니다.

하이라이트는 마지막에 터졌습니다. 탁구공 대신 진짜 '삶은 계란'을 판에 올렸습니다. "이번 판 이기는 팀이 이 계란 다 드시는 거예요!" 목표가 뚜렷해지자 어르신들의 집중력은 최고조에 달했습니다. 승리한 팀은 갓 삶아온 계란을 까서 이웃과 나눠 드시며 말씀하십니다. "공으로 할 때보다 계란으로

하니까 훨씬 묵직하니 손맛이 나네! 역시 먹는 게 남는 거야."

실전 레시피] 쑥쑥 인지 발달: 계란판 키질 게임

준비물: 30구 계란판(팀별 1개), 탁구공 5개, 삶은 계란(보상용), 신나는 배경음악

활동 목표: 1. 손목 스냅을 이용한 소근육 및 조절 능력 향상, 2. 팀 활동을 통한 협동심과 사회성 강화, 3. 옛 기억(키질) 소환을 통한 자아 존중감 형성

단계별 진행 노하우:

도입: 키질에 대한 추억 나누기 ("옛날에 키질하다 오줌싸개 키 씌

위 보낸 적 있으세요?")

전개: 개인별 연습 (손목 힘 조절 지도) → 팀 나누기 (이름 정하기) → 릴레이 대항전

마무리: 이긴 팀 시상 및 삶은 계란 함께 나눠 먹으며 소감 나누기

강사의 한 문장: "어르신들의 손목엔 수십 년의 세월이 담긴 최고의 엔진이 달려 있습니다!"

달콤한 보상이 주는 집중력의 힘: 튕겨라! 계란판 탁구 골프

1. 프로그램 기획 의도: '왜 튕겨야 하는가?'

탁구공을 바닥에 튕겨 목표지점에 넣는 활동은 '눈과 손의 협응력(Eye-Hand Coordination)'과 '거리 감각'을 극대화하는 훈련입니다. 단순히 던지는 것보다 한 차례 바닥을 거치는 '반사 작용'을 이용하기 때문에 뇌의 계산 능력을 자극합니다. 여기에 '캔디'라는 시각적, 미각적 보상을 더해 어르신들의 자발적 참

여를 유도합니다.

2. 실전 에피소드: '인삼 캔디 한 알에 담긴 승부욕'

"강사님, 이게 마음대로 안 되네!" 처음엔 탁구공이 계란판을 훌쩍 넘어가거나 엉뚱한 곳으로 튀기 일쑤입니다. 하지만 계란판 구멍 곳곳에 놓인 인삼 캔디와 프로폴리스 사탕을 보시더니 어르신들의 눈빛이 달라집니다.

"자, 사탕이 있는 칸에 공이 들어가면 바로 어르신 겁니다!" 그때부터 경로당은 정적 속에 휩싸입니다. 공을 바닥에 튕기는 '통, 통' 소리만 들려오죠. 한 어르신이 아주 신중하게 손목을 조절해 공을 튕기자, 공이 바닥을 한 번 치고 포물선을 그리며 인삼 캔디가 놓인 칸에 쏙 들어갑니다. "아싸! 내가 땄다!" 사탕 한 알을 손에 쥐고 아이처럼 환하게 웃으시는 어르신의 모습은 강사인 저에게도 큰 행복을 줍니다.

수업 후반부에는 난이도를 높여봅니다. "이번엔 바닥에 두 번 이상 튕겨서 넣어볼까요?" 처음엔 불가능해 보였지만, 반복된 연습 끝에 공이 '통, 통, 통' 세 번을 튀겨 판 안으로 안착

하자 여기저기서 박수가 터져 나옵니다. "하면 되네! 내가 아직 감각이 살아있어!"라는 말씀 속에서 어르신의 자존감이 한 뼘 더 자라납니다.

3. 프로그램 상세 가이드

준비물: 계란판(30구), 탁구공, 보상용 간식(인삼 캔디, 프로폴리스 사탕 등 납작한 것), 배경음악.

진행 노하우:

동기부여: 보상을 눈에 잘 띄는 칸에 배치하여 시각적 목표를 제공합니다.

난이도 조절: 처음엔 1번 튕기기(원바운드)로 시작하여 점차 2~3번 튕기기로 확장합니다.

반복의 힘: 실패하더라도 충분한 연습 기회를 주어 손의 감각을 익히게 합니다.

강사의 한 끗(Tip): "캔디는 단순한 간식이 아닙니다. 어르신들에게는 자신의 실력을 증명한 '훈장'입니다. 승패를 떠나 모든 분이 작은 사탕 하나라도 가져가실 수 있도록 유도하는 것이 강사의 센스입니다."

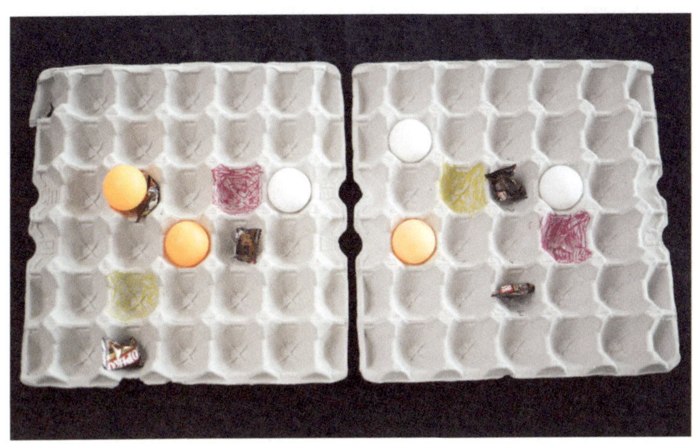

※탁구공으로 계란판을 바둑판처럼 이용해서 삼목 게임도
할 수 있어요.

신문지 한 장의 마법: 신문지 한 장과 종이 옷

1. 세대적 배경 (강사가 알아야 할 한 줄 지식)

디지털 기기가 익숙한 5060세대와 달리, 7080세대에게 신문은 단순한 종이가 아닙니다. 젊은 시절 세상을 보던 창(窓)이자, 가장 신뢰하는 정보원이었죠. 이제는 재활용 쓰레기 함으로 직행하는 신문지가 어르신들의 손을 거쳐 '인지 강화 도구'로 화려하게 부활합니다.

2. 실전 에피소드: '가위바위보 승자가 입는 화려한 종이 갑옷'

데이케어센터의 40여 명 어르신 앞에 신문지를 한 뭉치 내려놓았습니다. "어르신들, 오늘은 이 신문지로 세상에서 가장 긴 목걸이를 만들 거예요. 사과 껍질 깎듯이 돌려가며 찢어보세요!"

바스락거리는 소리와 함께 어르신들이 집중하기 시작합니다. 신문지가 끊어질까 봐 숨을 죽이고 조심조심 손가락을 움직이는 모습이 사뭇 진지합니다. "어이쿠, 끊어졌다!", "내 건 이만큼 길다!" 여기저기서 탄성이 터져 나옵니다.

길게 만든 신문지 목걸이를 목에 건 뒤, 드디어 '대결'이 시작되었습니다. 두 명씩 짝을 지어 하는 가위바위보! 진 사람이 목에 건 신문지를 이긴 사람에게 넘겨주는 단순한 규칙이지만, 현장의 열기는 월드컵 결승전 못지않습니다.

준결승을 거쳐 최종 결승전. 최우승자가 결정되는 순간, 어르신의 목에는 수십 개의 신문지 고리가 걸려 마치 화려한 종이 옷을 입은 듯한 장관이 연출되었습니다. "내가 신문지 왕이다!"라고 외치시는 어르신의 얼굴에는 소년 같은 개구진 미소가 가득했고, 그 모습을 사진에 담는 내내 웃음소리가 끊이지 않았습니다.

3. 프로그램 상세 가이드

준비물: 신문지 다수(넉넉히 준비), 배경음악(경쾌한 폴카나 행진곡).

소근육 강화: 신문지를 일정한 두께로 찢는 정밀한 손동작.

순발력: 가위바위보를 통한 빠른 판단과 반응.

사회성: 대규모 인원이 참여하는 토너먼트 형식을 통한 유대감 형성.

강사의 멘트: "신문지는 어제까지 뉴스를 전했지만, 오늘부터

는 우리 어르신들의 즐거움을 전합니다!"

신문지 한 장의 기적: 구멍 숭숭 신문지 골프

1. 프로그램 기획 의도: '왜 신문지를 찢어야 하는가?'

많은 어르신이 "손에 힘이 없어서 젓가락질이 자꾸 서툴러져"
라고 고민하십니다. 손가락 끝의 힘, 즉 '악력'이 약해지면 일
상생활의 독립성이 떨어집니다. 이 게임은 두꺼운 신문지를

겹쳐 찢는 저항 운동을 통해 악력을 키우고, 동시에 집중력과 성취감을 얻는 '일석삼조'의 인지 재활 프로그램입니다.

2. 실전 에피소드: '단 한 번의 성공이 주는 마법 같은 자신감'

신문지를 네 번 접어 손바닥만 하게 만든 뒤, "반달 모양으로 힘껏 찢어보세요!"라고 외칩니다. 겹겹이 쌓인 종이라 찢기가 쉽지 않지만, "이걸 찢어야 손가락 힘이 세져서 맛있는 반찬도 잘 집어 드시죠!"라는 강사의 독려에 어르신들은 입술을 앙다물고 힘을 주십니다.

좌르르 신문지를 펼치자 8개의 구멍이 생깁니다. "우와, 꽃 같네!", "나는 도넛이 8개 생겼어!" 구멍마다 알록달록 매직으로 번호를 씁니다. 그리고 아까 찢어낸 반달 조각을 동그랗게 굴려 '나만의 공'을 만듭니다.

8번의 기회. 어떤 분은 한 번에 쏙 넣고 만세를 부르시지만, 어떤 분은 자꾸 공이 튕겨 나갑니다. 그때 저는 슬그머니 다가가 신문지 골대를 어르신 눈앞까지 바짝 가져다드립니다. "어르신, 이번엔 무조건 들어갑니다! 슛~!", '쏙' 하고 종이 공이 통과하는 순간, "들어갔다!" 하며 아이처럼 좋아하시는 어르신의 모습. 그 한 번의 성공 경험이 어르신을 다시 수업의 주인공으로 만듭니다.

3. 프로그램 상세 가이드

준비물: 신문지(인당 1장), 유성 매직(다양한 색상), 배경음악.

활동 포인트:

악력 강화: 접힌 신문지를 찢는 과정 자체가 근력 운동입니다.

수리 인지: 구멍에 들어간 공의 개수를 본인이 직접 세며 숫자 감각을 깨웁니다.

자존감 향상: 난이도 조절을 통해 모든 참여자가 '성공'을 맛보게 합니다.

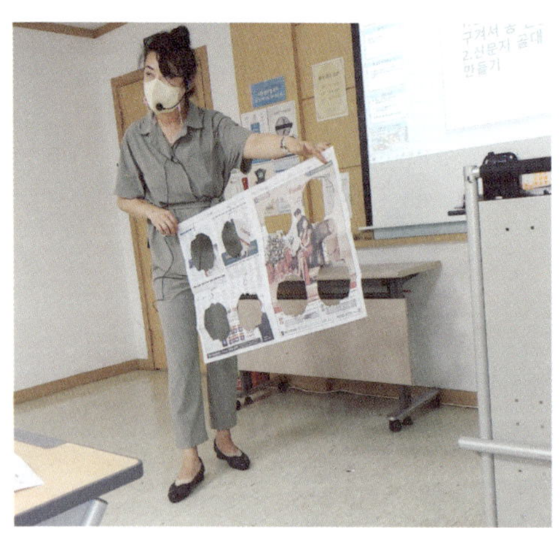

강사의 한 끗(Tip): "강사의 역할은 골대를 고정하는 사람이 아니라, 어르신이 골대에 넣을 수 있도록 거리를 좁혀주는 사람입니다."

실전 사례 10]

발끝으로 당기는 활기: 신문지 하체 강화 레이스

1. 프로그램 기획 의도: '왜 발의 움직임인가?'

어르신들에게 '걷는 능력'은 곧 '독립적인 삶'을 의미합니다. 하지만 단순히 걷기만 해서는 하체의 세밀한 근육을 발달시키기 어렵습니다. 신문지를 발가락과 발바닥의 마찰력을 이용해 당기는 동작은 평소 잘 쓰지 않는 하체의 잔근육을 자극하고, 발목의 유연성을 높여 낙상을 방지하는 데 탁월한 효과가 있습니다.

2. 실전 에피소드: '나도 모르게 하게 되는 전신 운동'

"어르신들, 오늘은 발로 신문을 읽어볼까요?" 신문지 5장을 길게 붙여 어르신 발밑에 깔아드리면 다들 의아해하십니다.

하지만 "준비, 시작!" 소리와 함께 옆 사람과 경주가 시작되면 분위기는 180도 달라집니다.

　의자에 앉은 채 오직 두 발만을 움직여 긴 신문지를 내 몸 쪽으로 끌어당기는 게임. 처음에는 "이게 마음대로 안 되네" 하시던 어르신들도 옆 팀이 앞서가기 시작하면 엉덩이가 들 썩일 정도로 집중하십니다. "아이고, 내 신문지가 도망가네!", "영차, 영차! 거의 다 왔다!"

　게임이 끝나면 어르신들 은 가쁜 숨을 몰아쉬며 웃으 십니다. "강사님, 발바닥이 후 끈후끈해! 운동장 몇 바퀴 뛴 것 같아." 운동이라는 부담 감 없이 게임에 몰입하다 보 면, 어느새 하체 근육은 단단 해지고 엔도르핀은 숏구치게 됩니다.

3. 강사 2.0의 '비밀 레시피'

준비물의 디테일:

연결의 기술: 신문지 5장을 스카치테이프로 튼튼하게 붙여야 중간에 끊어지지 않고 흐름이 이어집니다. 힘줘서 발로 잡아당기면 찢어질 수 있습니다. 여유있게 만들어가거나 신문지에 스카치테이프로 붙이는 작업도 함께 하면 좋습니다.

바닥 상태 확인: 바닥이 지나치게 미끄러우면 신문지가 헛돌 수 있으니 적당한 마찰이 있는 곳에서 진행하거나, 어르신들에게 맨발 혹은 미끄럼 방지 양말 착용을 권장합니다.

단계별 변형 활동:

개인 경주: 각자 신문지를 끝까지 당겨보는 연습.

커플 대항전: 두 사람이 한 팀이 되어 발을 맞추어 당기기 (협동심 유발).

신문지 구기기: 다 당긴 후에는 발로 신문지를 뭉쳐서 공을 만드는 활동으로 마무리 (발가락 소근육 강화).

쌀알이 들려주는 경쾌한 스트라이크: 오감 만족 페트병 볼링

1. 프로그램 기획 의도: '왜 쌀을 넣은 페트병인가?'

단순히 빈 병을 쓰러뜨리는 것보다 쌀을 넣었을 때의 효과는 놀랍습니다. 공이 병에 부딪히는 순간 들려오는 '퍽!' 하는 묵직한 타격음과 병 안에서 쌀알이 쏟아지는 '좌르르' 하는 시각적 잔상은 어르신들에게 즉각적인 뇌 자극을 줍니다. 이는 쌓였던 스트레스를 해소하고 엔도르핀을 생성하는 강력한 방아쇠가 됩니다.

2. 실전 에피소드: '휠체어 위의 볼링왕'

"나는 다리가 후들거려서 저기까지 못 가, 강사님." 볼링 레인을 깔자마자 뒤로 물러나시는 어르신들이 계십니다. 저는 그럴 때 무리하게 걷기를 권하지 않습니다. "어르신, 볼링은 꼭 달려가서 쳐야 제맛인가요? 제자리에서 멋지게 폼 잡고 던지셔도 충분해요!"

500ml 페트병 10개를 세웁니다. 그 안에는 어르신들이 직접 담은 쌀 반 컵씩이 들어있어 적당한 무게감을 유지합니다. 파크골프 공을 건네받은 어르신이 신중하게 조준합니다. '데굴데굴' 굴러간 공이 핀을 맞히는 순간, 경쾌한 소리와 함께 핀들이 사방으로 날아갑니다.

"스트라이크!" 박수 소리와 함께 어르신의 얼굴에 환한 미소가 번집니다. 제자리에서 팔을 휘두르는 것만으로도 충분한 운동이 되고, 무엇보다 '내가 무언가를 쓰러뜨릴 수 있다'는 에너지를 확인하는 순간입니다.

3. 강사 2.0의 '비밀 레시피'

준비물의 디테일: 빈 페트병 10개. 쌀. (쌀 넣을 그릇) 크기: 350ml는 너무 작아 쓰러뜨리기 어렵습니다. 500ml가 시각적으로도 안정감을 줍니다.

무게: 쌀 반 컵이 적당합니다. 너무 가벼우면 소리가 빈약하고, 너무 무거우면 어르신들이 힘들어하십니다.

공 선택: 파크골프 공의 무게감이 타격감을 극대화하지만, 악력이 약한 분들을 위해 다양한 크기의 공을 준비하세요. 가벼

운 공은 굴리지 않고 던져서 맞히는 방법으로 진행합니다,

단계별 변형 활동:

굴리기: 하체 근력이 있는 분들을 위한 정석 볼링.

던지기: 앉아 계시거나 걷기 힘든 분들을 위해 위에서 아래로 던지는 방식.

소리 듣기: 쓰러진 병을 다시 세울 때 나는 쌀알 소리를 들으며 청각 인지 훈련 병행.

손목 튼튼! 쌀 페트병 감기 대회

진행자: "자, 이번에는 우리 어르신들 손목 힘을 좀 써볼까요?

여기 보시면 쌀이 가득 담긴 묵직한 페트병이 있습니다. 그리고 긴 줄이 연결된 '마법의 막대기(백업봉)'가 있죠. 오늘 누가 더 손목 힘이 좋은지 한판 붙어보겠습니다!"

1. 교구 소개 및 시연

진행자: "이 페트병이 우리 집 보물단지라고 생각하세요. 줄이 길게 풀려 있죠? 이 백업봉을 양손으로 잡고 '돌리고~ 돌리고~' 감아서 페트병을 내 발 앞까지 먼저 끌어와 세우는 분이 승리하는 게임입니다!"

준비물: 쌀이 담긴 350ml 페트병, 줄(약 2~3m), 백업봉(손잡이용)

핵심 포인트: "팔 전체를 쓰는 게 아니라, 손목을 까닥까닥 움직여서 감는 게 비결이에요!"

2. 대결 구도 만들기 (긴장감 조성)

진행자: "자, 우리 동네 대표 선수 두 분 나오세요! 홍팀 아버님, 청팀 어머님! 두 분 다 평소에 힘 좋기로 소문나셨는데, 오늘 여기서 판가름 나겠네요. 자, 준비하시고~"

(관객 어르신들께)"우리 옆에 계신 분들, 가만히 계시면 안 되죠! 응원 박수 준비되셨나요?"

3. 게임 시작 (음악 큐!)

진행자: "준비~ 시작! 영차! 영차!"

(♫ 빠른 템포의 트로트 음악 - 예: '무조건' 또는 '박군-한잔해' 등)

진행자: (생중계 멘트) "아이고, 우리 아버님 손놀림이 빛보다 빠릅니다! 벌써 반쯤 왔어요!", "어머님, 지면 안 돼요! 손목을 더 휙휙! 그렇지, 잘한다!", "페트병이 슬금슬금 다가오고 있습니다. 마치 낚시터에서 월척을 낚는 기분이죠?"

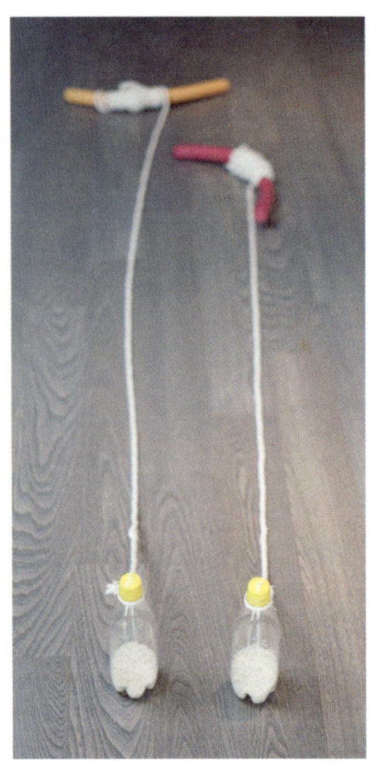

4. 막판 스퍼트 및 결과 발표

진행자: "자, 거의 다 왔습니다! 마지막 한 바퀴! 5, 4, 3... 자, 세웠다! 끝!"

(음악 볼륨 낮춤)

진행자: "우와! 간발의 차이로 홍팀 아버님이 먼저 페트병을 딱! 세우셨습니다! 우리 아버님 손목 힘이 아주 청년 못지않으시네요. 아쉽게 진 어머님께도 격려의 박수 부탁드립니다!"

5. 마무리 멘트 및 건강 정보

진행자: "이 게임 하고 나니까 손목이 좀 뻐근하시죠? 이게 바로 근육이 만들어지고 있다는 증거예요. 자, 다 같이 손 탈탈 털어주시고~ 기지개 한번 쭉 펴겠습니다! 고생하셨습니다!"

현장 운영 꿀팁 (Tip)

난이도 조절: 쌀의 양을 조절해 무게를 맞추세요. (너무 무거우면 관절에 무리가 갈 수 있으니 350ml의 1/2이나 2/3 정도가 적당합니다.)

바닥 마찰력: 카페트 위보다는 매끄러운 바닥에서 해야 페트병이 잘 끌려옵니다. 잘 안 끌린다면 줄 길이를 조금 줄여주세요.

안전 확인: 어르신들이 과하게 힘을 주다 어깨가 결릴 수 있으니, 시작 전 반드시 손목 스트레칭을 충분히 진행하세요.

실전 사례 13]

허공에 그리는 무지개: 희망을 잡는 스카프 저글링

1. 프로그램 기획 의도: '왜 공이 아니라 스카프인가?'

어르신들에게 공 저글링은 속도가 너무 빨라 포기하기 쉽습니다. 하지만 형형색색의 가벼운 스카프는 공기 저항을 받아 천천히 떨어집니다. 이 '느림의 미학'은 어르신들에게 시각적 추적 능력을 연습할 충분한 시간을 제공하며, 손과 눈의 협응력을 기르는 데 최적의 도구가 됩니다.

2. 실전 에피소드: '옛날 귤 저글링 하던 솜씨가 나오네!'

"어르신들, 오늘은 하늘에서 내려오는 복(福)을 잡아볼 거예요!" 양손에 다른 색의 스카프를 쥐여 드리자, 처음엔 "이 가벼운 게 잡히겠어?"라며 반신반의하십니다.

오른손으로 휙, 왼손으로 휙. 처음엔 따로 놀던 손이 강사의 구령에 맞춰 리듬을 타기 시작합니다. "자, 던지면서 크게 외치세요! 건강을 잡아라! 행복을 잡아라! 돈을 잡아라!" 단순한 동작에 '희망'이라는 이름을 붙이자 어르신들의 목소리에 힘이 실립니다.

가장 큰 웃음이 터지는 순간은 '박수 치고 잡기' 미션입니다. 한 번, 두 번... 세 번까지 성공하자 승부욕이 발동합니다. "나는 네 번 쳤어!", "아이고, 박수 치다 스카프가 코에 걸렸

네!" 여기저기서 웃음꽃이 피어납니다.

마지막 단계인 교차 잡기와 저글링에 도전할 때, 한 어르신이 쑥스럽게 말씀하십니다. "강사님, 내가 젊을 때 동네에서 귤 세 개 가지고 요렇게 저글링을 잘했었거든. 오늘 스카프로 하니까 그때 생각이 나네." 잊고 있던 젊은 날의 재주를 떠올리며 어르신의 어깨가 으쓱해집니다.

3. 강사 2.0의 '비밀 레시피'

준비물의 디테일:

색상 선정: 시각 자극을 위해 가급적 보색 대비가 강한 색(빨강-초록, 노랑-보라 등)을 사용하세요.

재질: 비치는 얇은 나일론이나 실크 소재가 공중에 오래 머물러 난이도 조절에 유리합니다.

단계별 훈련 프로세스:

단독 던지기: 오른손, 왼손 각각 던지고 잡기 (좌우 뇌 균형).

박수 미션: 던진 후 박수 횟수 늘리기 (순발력과 리듬감).

교차 잡기: 오른손으로 던진 것을 왼손으로 잡기 (좌우 협응력의 정점).

스카프 저글링: 옛 추억을 소환하는 피날레 활동.

손안에 담긴 운동회: 오재미의 묵직한 기억

1. 프로그램 기획 의도: '왜 다시 오재미인가?'

오재미는 어르신들에게 단순한 교구가 아닙니다. 자녀의 운동회 날, 바구니를 터뜨리기 위해 온 힘을 다해 던졌던 열정과 부모로서의 자부심이 담긴 물건입니다. 스카프가 '시각적 추적'에 유리하다면, 오재미는 손바닥에 닿는 '촉각적 자극'과 '고유수용성 감각(무게를 느끼는 감각)'을 깨우는 데 탁월합니다.

2. 실전 에피소드: '어렵지만 자꾸만 손이 가는 이유'

"강사님, 이건 스카프보다 훨씬 빠르네!" 오재미를 나눠드리자마자 여기저기서 툭툭 떨어지는 소리가 들립니다. 스카프처럼 공중에 머물러주지 않는 오재미의 정직한 무게감 때문입니다. 하지만 어르신들은 포기하지 않습니다. 손바닥에 닿는 오재미의 까끌까끌한 촉감이 옛 추억을 건드리기 때문일까요?

"자, 너무 낮게 던지면 눈이 따라갈 시간이 없어요! 이마 높이까지 휙~ 던져보세요." 강사의 코칭에 따라 눈과 손을 일치시키려 애쓰는 어르신들의 미간에 기분 좋은 집중력이 서립니다. 양손으로 세 번 던지고 받기 미션을 수행할 때, 성공한 분께 "역시 운동회 때 실력이 나오시네요!"라고 칭찬 한마디를 건네면 현장의 온도는 금세 달아오릅니다.

물론 쉽지 않습니다. 팔을 교차해 받는 동작에서 쩔쩔매는 분들이 보일 때, 저는 얼른 분위기를 전환합니다. "어렵죠? 그럼 이제 우리가 가장 잘하는 '저글링'으로 실력을 뽐내봅시다!" 실패의 경험이 좌절로 남기 전에 성공의 기억(저글링)으로 덮어주는 것, 그것이 강사가 지켜야 할 어르신에 대한 예의이자 기술입니다.

3. 강사 2.0의 '비밀 레시피'

준비물의 디테일:

무게: 너무 가벼운 솜보다는 곡물(팥, 콩)이 들어있어 '착' 감기는 무게감이 느껴지는 것이 좋습니다. 오재미는 다이소나 쿠팡에서 구입가능하고 양말 뒤꿈치를 잘라서 쌀을 넣은 후 고무줄로 감아서 쉽게 만들 수 있습니다.

크기: 어르신들의 한 손에 쏙 들어오는 크기여야 놓치지 않고 쥘 수 있습니다.

운영의 묘미:

미션 확인: 한 명씩 성공 여부를 확인하며 박수를 유도하면 성취감이 극대화됩니다.

출구 전략: 난도가 높은 교차 던지기에서 어르신들이 지치기 전에, 익숙한 저글링이나 다른 놀이로 빠르게 전환하여

    제1부 나침반 - 시작하는 강사를 위하여

즐거운 기분을 유지시킵니다.

목표를 향한 열정: 오재미 고득점 대항전

1. 프로그램 기획 의도: '왜 점수판과 뒤로 던지기인가?'

단순히 던지는 것에서 한 단계 나아가 '목표 지점'을 설정하고 '점수'를 부여하는 것은 어르신들의 집중력과 승부욕을 자극합니다. 또한, 점수를 합산하는 과정은 자연스러운 산수 능력 (수리 인지) 훈련이 됩니다. 특히 머리 뒤로 던지는 동작은 평소 쓰지 않는 어깨 근육을 사용하고, 내 몸 뒤의 공간을 상상하게 함으로써 공간 지각 능력을 극대화합니다.

2. 실전 에피소드: '뒤로 던져도 인생 점수는 스트라이크!'

"어르신들, 이번엔 눈 가리고 아웅이 아니라, '등 가리고 던지기'예요!" 바닥에 10점부터 100점까지 적힌 알록달록한 점수판을 깝니다. 처음에는 정면으로 던져 점수를 쌓으며 몸을 풉니다. "나는 100점 잡았어!", "아이구, 빵점이네!" 점수 하나에 일희일비하시는 모습이 영락없는 소년, 소녀 같습니다.

하이라이트는 '등 뒤로 던지기' 미션입니다. "자, 이제는 과거의 근심 걱정을 뒤로 확 날려버린다는 생각으로 머리 너머로 던져보세요!" 어르신들은 보이지 않는 점수판을 상상하며

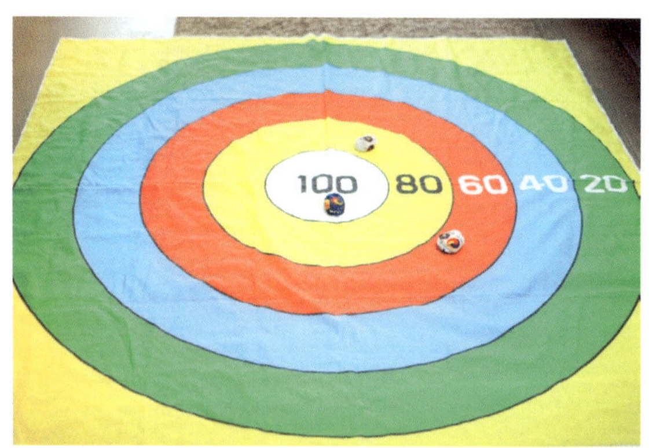

신중하게 오재미를 넘깁니다. 등 뒤로 날아간 오재미가 100점 위에 툭 떨어지는 순간, 본인보다 주변 어르신들이 더 크게 환호성을 지릅니다. "세상에, 안 보고 던졌는데 백 점이야! 조상님이 도와주셨네!" 점수를 확인하러 뒤돌아보는 어르신의 얼굴에는 놀라움과 기쁨이 교차합니다.

3. 강사 2.0의 '비밀 레시피'

준비물의 디테일:

점수판 제작: 숫자만 적기보다 '복(福)', '건강', '효도' 같은 단어를 함께 적으면 정서적 만족감이 높아집니다.

바구니 활용: 평면 점수판이 익숙해지면 입체적인 바구니를 활용해 난이도를 조절하세요.

단계별 미션 설계:

정면 조준: 원하는 칸에 정확히 넣기 (집중력).

다중 투척: 오재미 2~3개를 한꺼번에 던져 점수 합산하기 (수리 인지).

백 헤드 샷: 머리 뒤로 넘겨 던지기 (공간 지각력 및 어깨 유연성).

강사의 한 끗(Tip): "점수가 낮게 나와 실망하시는 어르신께는 '이 오재미가 액운을 다 가져가서 점수판 밖으로 나간 거예요'

라고 위트 있게 말씀드려 보세요. 현장의 분위기가 금세 따뜻
해집니다.”

찰나의 집중력: 스카프 낙하와 컵 쌓기 챌린지

1. 프로그램 기획 의도: '왜 스카프와 컵의 조합인가?'

이 활동은 시각적 예측과 민첩성을 결합한 고난도 인지 훈련
입니다. 천천히 떨어지는 스카프는 어르신에게 '남은 시간'을
시각적으로 보여주는 모래시계 역할을 합니다. 스카프가 바
닥에 닿기 전이라는 제한 시간 안에 목표(컵 쌓기)를 달성해야
하므로, 평소보다 훨씬 높은 수준의 뇌 활성화와 손의 기민한
움직임을 유도합니다.

2. 실전 에피소드: '조마조마한 1초의 승부, 땡! 소리에 터지는 웃음'

“어르신들, 이 스카프가 바닥에 닿으면 기회는 끝납니다! 자,
도전해 볼까요?” 테이블 위에 색색깔의 컵 3개를 나란히 놓습
니다. 어르신이 한 손으로 스카프를 높이 던집니다. 스카프가

허공에서 나풀거리며 내려오는 동안, 어르신의 손은 바빠집니다. 컵 세 개를 번개 같은 속도로 하나하나 포개야 합니다.

"하나, 둘... 셋!" 스카프가 바닥에 닿는 순간, 제가 "땡!" 하고 외칩니다. 지켜보던 다른 어르신들도 숨을 죽이고 있다가 함께 "땡!"을 외치며 박수를 칩니다. 성공하면 컵을 4개, 5개로 늘려갑니다. "어이쿠, 스카프가 왜 이렇게 빨리 내려와!", "내 손이 내 맘 같지 않네!" 하시면서도 입가에는 긴장 섞인 미소가 가득합니다.

테이블이 없는 경로당에서는 의자를 활용합니다. 의자라는 좁은 공간 위에서 집중력은 더욱 발휘됩니다. 이 짧은 시간의 몰입이 어르신들의 인지 시계를 잠시 멈추게 합니다.

3. 강사 2.0의 '비밀 레시피'

준비물의 디테일:

컵 선택: 가볍고 잘 포개지는 플라스틱 컵이나 종이컵을 사용하세요. 색깔이 화려할수록 시각적 즐거움이 큽니다.

스카프 소재: 최대한 얇고 가벼운 소재를 써야 낙하 시간이

길어져 어르신들이 성공의 기쁨을 느낄 수 있습니다.

단계별 미션 설계:

기초 단계: 컵 2~3개 포개기.

심화 단계: 컵 5개 이상 포개거나, 포갠 컵을 다시 원래대로 나열하기.

팀 대항: 누가 더 많은 컵을 포개는지 릴레이로 진행하기.

강사의 한 끗(Tip): "강사의 '땡!' 소리는 단순한 종료 알림이 아닙니다. 긴장감을 조성하고 성취감을 확인해주는 마법의 주문입니다. 어르신들이 아쉽게 실패했을 때는 '스카프가 오늘 따라 성격이 급하네요!'라는 농담으로 무안함을 덜어드리는 것이 핵심입니다."

  제1부 나침반 - 시작하는 강사를 위하여

굴러오는 색을 잡아라: 사색(四色) 탱탱볼 매칭 게임

1. 프로그램 기획 의도: '왜 색깔 박스와 탱탱볼인가?'

어르신들에게 다가오는 물체를 인지하고 대응하는 능력은 일상생활의 안전(보행 중 장애물 피하기 등)과 직결됩니다. 이 게임은 [시각적 탐색 - 색상 판별 - 신체 반응]으로 이어지는 뇌의 빠른 회전을 요구합니다. 탱탱볼의 불규칙한 바운드와 속도감은 지루할 틈 없는 긴장감을 선사하며 전두엽을 강하게 자극합니다.

2. 실전 에피소드: '색깔 따라 손이 바쁘다 바빠!'

"어르신, 빨간 공은 빨간 집에, 파란 공은 파란 집으로 보내주셔야 해요!" 테이블 한쪽 끝에서 제가 노란 탱탱볼을 굴립니다. 반대편에 앉아 계신 어르신은 네 개의 티슈 박스 집을 양손으로 잡고 대기하십니다. 공이 다가오자 "아차차, 노란색!" 하시며 재빨리 노란 박스를 공의 진행 방향에 갖다 댑니다. '툭' 하고 공이 박스 안으로 골인하자 주변에서 "나이스 샷!" 소리가 터집니다.

처음에는 천천히 굴리던 공의 속도를 조금씩 높이면 현장의 열기는 더욱 뜨거워집니다. "강사님, 공이 너무 빨라 눈이 뱅글뱅글 돌아가네!" 하시면서도, 눈은 굴러오는 공을 쫓고 손은 색깔 집을 찾아 분주히 움직입니다. 우연히 다른 색 박스에 공이 들어가면 "에고, 남의 집에 들어갔네!"라며 다 같이 한바탕 크게 웃습니다.

3. 강사 2.0의 '비밀 레시피'

준비물의 디테일:

교구 제작: 티슈 박스의 짧은 면을 자르면 공이 쏙 들어가기 좋은 입구가 됩니다. 빨강, 노랑, 초록, 파랑 색종이를 붙여 선명하게 구별하세요.

공의 선택: 탱탱볼은 반발력이 좋아 통통 튀는 재미가 있지만, 너무 빠를 경우 부드러운 스펀지 공으로 대체해 난이도를 조절합니다.

단계별 미션 설계:

기초 단계: 한 가지 색의 공만 반복해서 굴려 감각 익히기.

심화 단계: 두 가지 이상의 색을 무작위로 빠르게 굴리기 (변별력 강화).

인지력이 낮으신 어르신에겐 두 색 볼 게임 가능

조심조심~ 마님 가마로 모시기!

진행자: "자, 우리 아버님 어머님들! 이번에는 아주 귀한 손님을 모셔왔습니다. 바로 이 알록달록한 '풍선 마님'이십니다! (풍선을 흔들며) 이 마님은 아주 예민하셔서 손으로 만지는 걸 제일 싫어하세요. 오로지 이 부채 가마로만 모셔야 합니다!"

1. 게임 규칙 및 시연

진행자: "자, 규칙을 잘 들으셔야 마님이 노하지 않으십니다."

규칙 1: 풍선은 절대 손으로 잡으면 안 됩니다!

규칙 2: 부채로 풍선을 '찰싹!' 때려도 안 돼요. 부채 위에 살

포시 올려서 바람과 중심 잡기로만 옆으로 옮겨야 합니다.

규칙 3: 만약 풍선이 바닥에 떨어지거나 부채로 때리면? 마님

이 가마에서 떨어지신 거니까 다시 처음부터 시작합니다!

규칙 4: 노래가 끝날 때 마님(풍선)을 모시고 있는 분이 오늘

의 주인공! 멋진 노래나 춤을 보여주시는 겁니다.

2. 연습 게임 (분위기 예열)

진행자: "우선 연습 한번 해볼까요? 옆에 계신 어르신 부채 위

로 풍선을 살살~ 넘겨보세요. 아이구, 우리 아버님은 가마꾼

을 하셨었나 봐요! 아주 안정적이십니다!"

3. 본 게임 시작 (음악 큐!)

진행자: "자, 그럼 우리 마님 모시고 출발합니다! 노래는 '갑돌

이와 갑순이' 나갑니다! 얼쑤~!"

(♫노래 시작: 흥겨운 국악풍 트로트)

진행자: (현장 중계)"자, 마님 나갑니다! 길을 비켜주세요~!", "어머머! 풍선이 바람을 타고 춤을 추네요! 어머님, 부채를 살살 흔드셔야 해요. 그렇지요!", "옆 사람 부채로 옮길 때가 제일 중요합니다. 자, 하나 둘... 성공! 아이구 잘하신다!", "노래가 절정입니다! 마님이 지금 어느 댁 가마에 계신가요? 빨리빨리 모셔주세요!"

4. 긴장감 조성 및 종료

(노래가 끝나갈 무렵 목소리를 높이며)

진행자: "자, 이제 곧 도착입니다! 가마 멈추기 5초 전! 4, 3, 2, 1... 멈춰라~!"

(♫ 음악 정지)

5. 벌칙 이행 및 칭찬

진행자: "아이고~ 우리 이팔자 어머님! 마님이 어머님 댁 가마가 제일 편하신가 봐요. 딱 멈춰 있네요! 자, 마님을 잘 모셔주신 어머님께 박수~!"

어머님: "나 이거 떨어뜨릴까 봐 숨도 못 쉬었어~ (웃음)"

진행자: "그러니까요! 마님 모시느라 고생하셨으니까, 우리

어머님의 고운 목소리 한번 들어볼까요? 아니면 마님처럼 우아하게 어깨춤 한번 보여주세요!"

(벌칙 수행 후)

진행자: "역시 우리 어르신들 솜씨가 보통이 아니세요. 마님이 아주 기분이 좋으시답니다! 다음 판은 좀 더 빠른 노래로 마님을 급하게 모셔볼까요?"

현장 진행 꿀팁 (Tip)

풍선 준비: 풍선을 너무 크게 불면 바람의 영향을 너무 많이 받습니다. 적당히 아담한 사이즈로 불어야 부채 위에 잘 올라갑니다.

풍선 안에 보물: 풍선 안에 콩이나 쌀알을 1~2알 넣고 불면 무게중심이 잡혀서 이동하기가 조금 더 수월하고 소리도 나서 흥미를 유발합니다.

부채의 종류: 힘이 없는 종이 부채보다는 튼튼한 플라스틱 부채가 어르신들이 조절하기에 더 좋습니다.

팀 대항전: 원형으로 앉아 계실 때는 릴레이로 하지만, 줄을 지어 앉아 계실 때는 어느 줄이 더 빨리 끝까지 가나 시합을 붙여도 아주 뜨거운 반응이 나옵니다.

다양한 방법의 풍선 게임

◆ 풍선을 위로 쳐서 올리고 박수 치고 잡기

◆ 부채로 풍선을 배드민턴처럼 치기

음악 활용 인지프로그램

1. 인지 효과의 극대화: '왜 음악이 가장 빠른가?'

음악은 시각, 청각, 촉각(악기 연주), 그리고 기억(회상)을 동시
에 자극합니다. 노래 한 곡을 부르는 동안 뇌는 가사를 기억
하고(언어 인지), 박자를 맞추며(운동 인지), 감정을 느낍니다(정서
인지). 이것이 다른 프로그램보다 효과가 빠르고 강력하게 나

타나는 이유입니다.

1-1: 가사 연구와 스토리텔링 (인문 인지)

단순히 부르는 것이 아니라 노래의 배경과 가사 의미를 나눕니다.

예: '번지 없는 주막'을 부르기 전, 당시의 시대상과 어르신들의 고향 이야기를 나누며 뇌의 장기 기억 장치를 예열합니다.

예: '나는 열일곱살이에요' 먼저 부르고 질문을 합니다. 이 노래의 주인공은 몇 살 일까요?

어르신들 젊은 시절 고향에서 연애하실 때 전화도 없을 때 편지를 통하거나 슬쩍 지나가다 어디서 밤에 만나자 약속하셨죠? 어디에서 만나기로 하셨는지 기억나세요? 물레방아간? 보리밭? 이 노래에선 어디서 만나기로 했죠? 버드나무 아래죠. 정확히 듣고 기억하여 가지 않으면 못 만납니다. 연애도 못 해요. 잘 기억하며 다시 한번 노래 불러볼게요.

아빠의 청춘: 예전이나 요즘이나 부모는 온통 자식걱정 뿐이죠. 부모의 눈에는 56세가 된 자식도 "문 밖에 나가면 차 조심

해라 날씨 추워지면 옷 따뜻하게 입어라 너무 힘들게 돌아다
니지 마라 나이들수록 밥힘이다 밥은 꼭 챙겨먹고 다녀라.”
늘 저희 엄마가 하시는 말씀입니다.

이 노래에서도 아빠는 늘 자식 걱정돼서 말씀하시지만, 자
식들은 잔소리로 여긴다고 가사에 쓰여 있죠. 요즘 외국여행,
국내 제주도나 강원도나 놀러 가고 싶어도 돈이 많이 드니 돈
걱정해야 하는데 이 노래에서도 서울 구경하고 싶은데 돈이
문제라 합니다. 재밌는 가사는 또 있어요. 우스갯말로 며느리
의심하기 시작하면 치매라는데 아빠의 청춘 가사에서도 며느
리한테 잘해주지 못하면 나중에 대접 못 받는단 교훈이 나와
요. 자! 가사에 집중하면서 다시 한번 불러볼게요.

1-2: 신체 율동과 리듬 훈련

앉아서 어르신들이 쉽게 할 수 있으며 혈액순환과 근육자극에
적합한 동작을 통해 상체 근육을 자극합니다. 주먹을 살짝 쥐
고 양손을 나란히 펴서 팔꿈치를 번갈아 접었다가 펴는 동작,

양손 손바닥을 펴고 팔꿈치를 접어서 자동차 창문 와이퍼

처럼 양쪽으로 흔드는 동작, 양손을 가볍게 쥐고 팔꿈치를 접고 겨드랑이를 털어주는 동작, 팔을 들어 오른쪽 왼쪽 흔드는 동작, 검지를 세우고 한 쪽씩 고고 댄스를 출 때처럼 찌르는 동작 등이 있습니다.

동작의 수는 네 가지에서 여섯 가지를 넘지 않도록 하고 네 번에서 여덟 번까지 반복하고 다른 동작으로 넘어가는 것이 어르신들이 따라 하기 쉽습니다. 노래를 부르면서 동작을 함께 하면 뇌의 자극이 훨씬 많이 됩니다.

100세 청춘 - 노원구 공식 시니어유튜브 채널, 예스건강티비 등이 강사들이 연습하고 외워서 수업하기 좋습니다.

1-3: 추억 소환 전주 듣고 제목 맞추기 (회상 인지)

전주만 듣고 노래를 맞히는 퀴즈를 통해 집중력을 높이고, 다 같이 따라 부르며 카타르시스를 느낍니다. 가사와 제목은 부분적으로 기억하셔도 흥얼거리시며 따라부르시며 젊었던 시절 많이 듣고 불렀던 노래와 함께 그 시절을 떠올리시기도 하죠

1960년대 추억의 노래, 1970년대 추억의 노래를 유튜브에

서 검색하셔서서 사용해보세요.

1-4: 손끝으로 연주하는 행복 리듬, 컵타!

진행자: "어르신들, 여기 알록달록 예쁜 컵이 있죠? 이게 그냥 물컵이 아닙니다. 오늘만큼은 세상에 하나뿐인 멋진 '타악기'예요. 자, 컵을 양손에 하나씩 잡아보실까요? 준비되셨으면 컵끼리 박수 세 번 시작! (짝! 짝! 짝!)"

1. 인지 자극 리듬 익히기 (단계별 학습)

진행자: "본격적으로 노래에 맞추기 전에, 우리 컵이랑 친해지는 연습을 딱 세 가지만 해볼게요. 제 동작을 잘 보고 소리를 들어보세요!"

1단계 (테이블 치기): "컵 밑바닥으로 책상을 쾅쾅! 자, 두 번 해봅니다. '책상~ 책상!'"

2단계 (옆등 치기): "이번에는 컵을 세워서 옆면끼리 뽀뽀~ '옆등~ 옆등!'"

3단계 (밑등 치기): "마지막으로 컵을 거꾸로 들어서 엉덩이끼리 톡톡! '밑등~ 밑등!'"

진행자: "자, 섞어볼게요! 책상(쾅)-옆등(짝)-밑등(톡)! 아이고, 우리 어르신들 박자 감각이 최고예요. 이게 바로 뇌가 젊어지는 소리입니다!"

2. 노래와 함께하는 실전 리듬 (음악 큐!)

진행자: "자, 그럼 우리 신나는 '진또배기' 노래에 맞춰서 이 리듬을 써볼까요? 제가 중간중간 구령을 넣어드릴게요!"

(♬노래 시작: 흥겨운 비트의 음악)

진행자: (음악에 맞춰 활기차게)

(전주 부분): "자, 가볍게 책상부터 두드려봅니다! 하나, 둘, 하나, 둘!"

(노래 시작): "이제 옆등 치기! 노래 가사에 맞춰서 짝! 짝! 짝!"

(후렴구 '허야디야~'): "자, 이때는 밑등을 빠르게 세 번! 톡톡

 제1부 나침반 - 시작하는 강사를 위하여

톡! 다시 책상 두 번! 쾅쾅!"

진행자: "어머님, 박자가 조금 틀려도 괜찮아요! 소리 내는 게 중요합니다. 옆에 아버님 소리랑 합쳐지니까 진짜 오케스트라 같아요!"

3. 난이도 UP! (교차 리듬)

진행자: "자, 이번에는 조금 어렵게 가볼까요? 양손을 엑스(X)자로 교차해서 책상을 쳐보는 거예요. 이건 집중 안 하면 컵끼리 부딪칩니다~ 자, 집중!"

(어르신들이 집중하며 따라 하는 모습 유도)"오! 지금 보니까 다들 눈빛이 반짝반짝하세요. 이렇게 손을 엇갈려 쓰면 우리 뇌세포들이 '아이고 깜짝이야!' 하면서 막 살아난답니다!"

4. 마무리 및 칭찬

진행자: "노래가 끝났습니다! 마지막은 컵을 머리 위로 번쩍 들고 '야!' 하고 외쳐볼까요? 하나, 둘, 셋, 야~!"

(박수와 함께 종료)

진행자: "오늘 컵타 공연, 정말 대성공이었습니다. 손바닥이 간질간질하시죠? 혈액순환이 아주 잘 되고 있다는 증거예

요. 오늘 저녁 식사 맛있게 하시고, 우리는 다음 시간에 또 만나요!"

※컵타는 예전에 학생들이 학교에서 수행평가로 많이 쓰였습니다. 컵타 자격증이 있을 정도로 대중화되었고 정해진 컵타 동작들이 있습니다. 그러나 요즘 연령대가 높아진 경로당 어르신들이나 주간보호센터, 요양원에서 배우고 함께 하기는 어렵습니다. 쉽게 바꿔서 어르신들이 스트레스 풀리도록 신나게 바꿔서 프로그램화 시켜야 합니다.

1-5 : 손바닥에서 꽃이 피네! 딸깍딸깍 장갑 악기 교실

진행자: "어르신들, 오늘 제가 장갑을 하나씩 나눠드렸죠? 그런데 평범한 장갑이 아닙니다. 손바닥에 뭐가 붙어 있죠? 맞습니다! 이 예쁜 병뚜껑들이 오늘 우리 어르신들의 흥을 돋워줄 보물이에요. 자, 손바닥을 한 번 마주 쳐보세요. 어떤 소리가 나나요? (딸깍딸깍!)"

1. 악기 탐색 및 '소리 내기' 연습

진행자: "자, 노래 시작하기 전에 우리 장갑이랑 손발을 맞춰

     제1부 나침반 - 시작하는 강사를 위하여

볼까요? 제가 '딸깍' 하면 한 번, '딸깍딸깍' 하면 두 번 치시는 거예요."

1단계 (박수 리듬): "우리 손바닥끼리 마주쳐서 '딸깍딸깍'! 아이고, 소리 경쾌하다!"

2단계 (테이블 리듬): "이번에는 손바닥으로 테이블을 살짝 두드려보세요. '두구두구~' 꼭 북소리 같죠?"

3단계 (손가락 인사): "엄지손가락이랑 검지손가락에 붙은 뚜껑끼리만 톡! 톡! 부딪혀보세요. 요건 조금 어렵죠? 집중 집중!"

진행자: "우와, 우리 어머님은 벌써 리듬을 타시네! 이 소리가 꼭 말발굽 소리 같기도 하고, 아주 신납니다!"

2. 노래와 함께하는 실전 (음악 큐!)

진행자: "자, 그럼 우리 어르신들 18번 곡, '안동역에서' 갑니다! 박자에 맞춰서 신나게 두드려볼까요? 음악 주세요!"

(♬노래 시작: 장단이 뚜렷한 트로트)

진행자: (음악에 맞춰 활기차게)

[전주 부분]: "자, 가볍게 테이블부터 두드려봅니다. 두구두구두구~ 준비하시고!"

[노래 1절]: "박수 치듯이 딸깍! 딸깍! 옆에 계신 짝꿍이랑 눈 맞추면서~ 딸깍!"

[흥겨운 대목]: "자, 이제 머리 위로 손 올리고! 높이높이 흔들면서 딸깍딸깍딸깍! 그렇지요!"

진행자: "아이고, 우리 아버님은 아예 자리에서 일어나시겠어요! 흥이 제대로 오르셨네! 좋습니다!"

3. '멈춰라' 게임 (인지 집중력 향상)

진행자: "자, 여기서 깜짝 퀴즈! 제가 노래를 갑자기 딱 끊으면, 손을 머리 위로 올리고 '그대로 멈춰라' 하시는 거예요. 소리 내면 탈락입니다! 집중!"

(노래 도중 갑자기 정지)

진행자: "어머머! 저기 어머님 한 분이 '딸깍' 하셨어요! 하하하. 괜찮습니다. 그만큼 신나셨다는 증거니까요! 다시 갑니다~"

4. 마무리 및 소감 나누기

진행자: "자, 노래가 끝났습니다! 우리 다 같이 고생한 내 손에게 박수~ (딸깍딸깍딸깍!) 오늘 이 소리 들으니까 스트레스가 확 풀리지 않으세요?"

어르신: "소리가 딱딱 나니까 손바닥도 시원하고 노래 부르는 게 더 신나네!"

진행자: "그렇죠? 이게 손바닥에 있는 혈 자리를 자극해서 건강에도 아주 좋답니다. 우리 다음 시간에도 더 신나게 놀아봐요!"

현장 진행 꿀팁 (Tip)

제작 팁: 글루건을 사용해 병뚜껑을 붙일 때, 장갑 손가락 끝에 붙여야 소리가 가장 크게 잘 납니다.

시각 효과: 병뚜껑 색깔을 알록달록하게 섞으면 어르신들이 손을 움직일 때마다 꽃이 피는 것처럼 보여 시각적으로도 즐거움을 줍니다.

청각 자극: "딸깍" 소리가 경쾌하기 때문에 귀가 조금 어두우

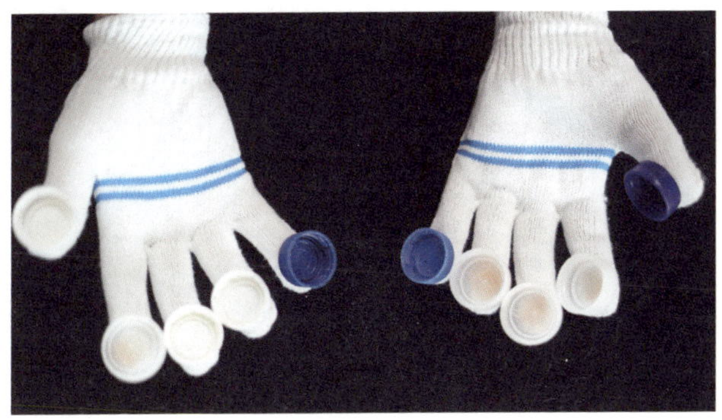

신 어르신들도 본인이 내는 소리를 잘 들을 수 있어 성취감이 높습니다.

손목 주의: 너무 세게 테이블을 치면 손목에 무리가 갈 수 있으니, "살살 두드려도 소리가 잘 나요"라고 안내해 주세요.

1-6 마라카스, 소고, 작은 탬버린, 숟가락 등을 사용해 보자

손에 잡고 흔들면 찰랑찰랑 바갓가 파도소리처럼 들리는 마라카스는 모든 어르신들이 좋아하는 악기라서 떨어트리지 않게 손에 꽉 쥐고 흔들고 치며 노래도 부르고 율동도 합니다.

우리나라 악기인 소고도 리듬에 맞춰 북과 채를 두드리며 노래를 부르면 뇌를 더 자극하며 정서 안정도 할 수 있습니다.

노래방에 가족이나 친구들끼리 갔던 경험이 있는 어르신들은 작은 탬버린을 보자마자 즐거워 하십니다. 탬버린을 손으로 치거나 흔들고 탬버린으로 몸을 치며 악기를 연주해 봅니다.

요즘 교육에 많이 쓰이는 숟가락 난타는 신기해하시면서도 리듬에 맞춰서 숟가락끼리 두드리거나 몸을 두드리며 노래에 맞춰서 연주하실 때 더 즐거워 하십니다.

　십여년 전에는 경로당이나 복지관에서 우쿠렐레라는 작은 기타 같은 악기를 배우는 것이 유행이었고 그 다음엔 악보를 몰라도 숫자 쓰인 악보로 나무에 붙어있는 금속을 손가락으로 팅기면 은은하고 부드러운 소리가 나는 칼림바라는 악기를 배우는게 잠시 유행이기도 했습니다. 치매예방 중에 악기를 배우는 것은 뇌의 자극과 활동이 많이 돼서 최고의 레벨에 속합니다.

마라카스

2

실버체조
프로그램

일상생활을 독립적으로 해 나가기 위해서 또한 뇌의 노화를 더디게하고 치매예방을 위해서 꼭 필요한 유산소운동과 근육 운동

실전 팁: 1. "이 동작은 화장실에서 혼자 일어날 때 꼭 필요한 근육입니다"처럼 일상생활과 연결된 이유를 넣어주면 어르신들의 참여도가 급격히 올라갑니다

2. "어머, 어르신 오늘 20대 같아요!" 같은 칭찬 멘트를 하셔서 자존감을 높여주시고 질병이나 신체조건을 감안하여 자신감을 가질 수 있는 범위에서

안전하게 운동하여 실버체조는 즐거운 놀이라는 인식을 심어주세요.

뇌 신경을 깨우는 라파카 구강 체조

목적: 조음 기관 자극을 통한 뇌 활성화 및 언어 능력 유지

효과: 침샘 자극, 안면 근육 강화, 경도인지장애 예방

현장 대본:

"어르신들, 우리 몸만 늙는 게 아니라 입안의 근육도 나이가 듭니다. 입 근육이 굳으면 뇌로 가는 신호가 약해져요. 자, 저를 따라 크게 소리 내 볼까요? 라! 파! 카! 입 모양을 아주 크게 사과를 한입 베어 물듯이 벌려보세요. 다시 한번, 라라라! 파파파! 카카카! 잘하셨습니다! 이렇게만 해도 뇌 신경이 번쩍 깨어납니다."

참조 : @nhicsns 국민건강보험공단 힘뇌체조와 치매예방체조 모두 따라하기 유튜브 검색

뇌의 문을 여는 5단계 박수

목적: 말초신경 자극 및 집중력 향상

효과: 손바닥 반사구 자극을 통한 전신 혈액순환

현장 대본:

"손은 밖으로 나와 있는 '제2의 뇌'라고 하죠? 오늘은 다섯 가지 박수로 뇌를 청소해 보겠습니다. 자, 먼저 주먹 박수! 다음은 손가락 끝만 톡톡! 그다음은 손바닥을 쫙 펴서! 자, 이번엔 손목을 맞대고! 마지막으로 세로로 세워서 쳐보세요. 동작이 바뀔 때마다 뇌가 '어? 이게 뭐지?' 하고 집중하기 시작합니다. 자, 노래에 맞춰 속도를 올려볼까요?"

판단력 훈련 사랑의 이름표 찌르기

목적: 음악 리듬에 맞춘 신체 부위 인지

효과: 반응 속도 향상 및 실행 능력 강화

현장 대본:

"국민 가요 '사랑의 이름표' 다들 아시죠? 노래 가사에 맞춰 제가 부르는 곳을 콕 찌르는 거예요. 볼! 이마! 턱! 코! 처음엔 천천히 4박자로 하다가, 나중에는 1박자로 아주 빠르게 갈 겁니다. 틀려도 괜찮아요! 틀려서 웃는 그 순간에 엔도르핀이 돌고 뇌가 젊어지는 거니까요. 자, 준비되셨나요? 음악 큐!"

참조 ; @고급진 레크교실 사랑의 이름표 유튜브 검색

자립의 기초 의자 잡고 스쿼트

목적: 하체 근력 강화를 통한 독립 보행 유지

효과: 낙상 예방, 스스로 일어서는 힘 강화

현장 대본:

"어르신들, 나중에 누구 도움 없이 내 발로 화장실 가고 장 보러 가려면 이 허벅지 근육이 금고보다 소중합니다. 자, 안전하게 의자 뒤(가벼운 의자는 피해야 함)를 딱 잡으세요. 무릎이 발끝보다 나가지 않게 엉덩이를 뒤로 살짝 빼면서 앉아봅니다. 하나, 둘, 셋! 여기서 3초만 버티세요. 이 3초가 여러분의 10년 뒤 보행을 결정합니다!"

평형감각을 키우는 한 줄로 걷기

목적: 균형 감각 향상 및 보행 안정성 확보

효과: 낙상 방지 및 소뇌 기능 활성화

현장 대본:

"자, 이제 바닥에 선이 하나 있다고 상상해 보세요. 모델처럼 앞꿈치와 뒤꿈치를 붙여서 일자로 걸어보는 겁니다. 시선은 바닥 말고 제 눈을 보세요! 몸이 흔들흔들하죠? 그 흔들림을 잡으려고 애쓰는 동안 우리 뇌의 평형센터가 바쁘게 일을 합니다. 이게 바로 치매 예방이고 낙상 예방입니다." 어르신들이 낙상 사고로 고관절 수술을 하시고 움직이지 못하게 되면 몸의 근육도 빠져나가지만 운동을 못해서 뇌도 갑자기 위축되고 기능이 나빠집니다. 고관절 수술 이후 치매로 진행하는 예가 많습니다.

낙상 예방 한 발로 서기

목적: 하체 고유 수용성 감각 깨우기

현장 대본: "어르신들, 우리 몸의 중심은 발바닥에서 시작됩니다. 의자를 살짝 잡으시고요, 한쪽 발을 가볍게 들어보세요. 자, 이제 손가락 한 개만 의자에 대볼까요? 몸이 흔들흔들하죠? 그게 정상입니다! 뇌가 지금 중심을 잡으려고 엄청나게 일하고 있는 거예요. 10초만 버팁시다! 하나, 둘… 좋습니다!"

허리와 목을 위한 체어 요가

목적: 나이가 많거나 몸이 불편한 사람을 위해서 미국에서 의자를 이용해 정확성과 안전감을 높임

현장 대본: "자, 의자에 앉아서 두 다리를 벌리고 그 사이에 양손을 넣고 의자를 잡은 후 당기면서 가슴을 위로 향하게 가슴과 어깨를 펴면서 고개를 들어서 호흡을 내쉬며 천장을 봅니다. 원래 척추의 모양을 만들어주며 디스크 사이를 멀게 해주

면 디스크 주위의 근육에 자극을 줍니다. 하루 두 번 이상 반복해 주면 허리 협착과 디스크가 안 좋은 분들에게 도움이 됩니다.

@mielyoga 미엘 요가& 필라테스 (체어 요가) 의자 하나로 몸을 개운하게 요가 유튜브 검색

유연성의 꽃 체어 요가 - 허리 비틀기

목적: 척추 가동 범위 확대 및 장기 기능 활성화

현장 대본: "의자에 깊숙이 앉으시고요. 오른손으로 왼쪽 무릎 바깥쪽을 잡으세요. 자, 숨을 내쉬면서 몸을 뒤로 쭈욱~ 비틉니다. 시선도 등 뒤를 보세요. 아이고 시원하다 소리가 절로 나시죠? 뱃속 장기들이 마사지 되면서 소화도 잘되고 허리 유연성도 살아납니다."

더 몸을 비틀어서 반대 쪽 의자 등받이를 잡아보세요. 등받이를 살짝 잡아 당겨도 좋습니다.

상체 해방 대각선 천장 보기

목적: 흉곽 확장 및 어깨 통증 완화

현장 대본: "이번엔 다리를 꼬아서 올려보세요. 그리고 올린 다리 반대 방향으로 몸을 틀어 천장 대각선을 바라봅니다. 가슴을 활짝 여세요! 평소에 앞만 보고 굽어있던 내 몸을 하늘 향해 열어주는 겁니다. 깊게 숨 들이마시고~ 내뱉고!"

무릎 보호 밴드 허벅지 신전

목적: 무릎 주변 근육 강화를 위해 라텍스 밴드 이용

현장 대본: "자, 이 마술 같은 고무밴드를 발바닥에 걸어보세요. 무릎을 앞으로 쭉 펴면서 밴드를 당깁니다. 허벅지가 단단해지는 게 느껴지시나요? 이 근육이 튼튼해야 계단 오르내릴 때 무릎이 안 아파요. 정지! 3초만 참으세요. 하나, 둘, 셋! 잘하셨습니다."

@seniortv 시니어 놀이터 94회 윤경필 강사 밴드 운동 유튜브 검색

굽은 등 교정 밴드 가슴 스트레칭

목적: 등 근육 강화 및 자세 교정

현장 대본: "밴드를 양손으로 잡고 가슴 앞으로 쭉 늘려보세요. 날개뼈끼리 서로 만난다는 느낌으로! 어르신들, 등이 굽으면 마음도 우울해져요. 이렇게 가슴을 쫙 펴면 자신감도 생기고 호흡도 편해집니다. 시원하시죠?"

독소 배출 온몸 두드리기

목적: 혈액순환 촉진 및 말초신경 자극

현장 대본: "자, 이제 내 몸을 사랑해 줄 시간입니다. 머리부터 톡톡톡! 어깨도 팡팡팡! 엉덩이와 다리까지 시원하게 두드려주세요. '내 몸아 고맙다, 수고했다' 말하면서요. 혈액순환이 쫙 되면서 얼굴색이 금방 좋아지셨네요!"

실전 팁 :

운동 중간에 어르신들이 힘들어하시지 않도록 근육 부위를

문지르고 두드리기를 해줘야 하며 우리가 몸이 아플 때 정형
외과에 가면 온열기와 초음파 마사지기를 먼저 사용하여 통
증을 없애는 치료에 비유하며 자주 실행해줍니다.

실전 사례 13]

무릎 관절을 지키는 앉아서 다리 펴기

목적: 대퇴사두근(허벅지 앞쪽 근육) 강화

효과: 무릎 통증 완화 및 보행 시 안정성 확보

현장 대본: "어르신들, 의자에 허리를 세우고 바르게 앉으세
요. 자, 오른쪽 다리부터 발끝을 몸쪽으로 당기면서 앞으로
쭉 펴봅니다. 허벅지가 딱딱해지는 게 느껴지시죠? 이게 바
로 우리 몸의 '천연 무릎 보호대'입니다. 자, 그 상태로 5초만
버팁니다! 하나, 둘, 셋, 넷, 다섯. 천천히 내리시고 반대쪽 갑
니다!"

다음은 다리를 힘주어 쭉 편 채로 위 아래로 10회 움직여
서 신전 운동을 해줍니다.

@HelloSeniorTV 헬시TV 헬로시니어 누구나 쉽게 앉아서 하는 하체 준비
운동, 운동 모음 13가지 유튜브 검색

뱃살 쏙, 기운 쑥 앉아서 무릎 당기기

목적: 복부 근력 및 장요근 강화

효과: 코어 근육 발달로 인한 자세 교정 및 소화 기능 도움

현장 대본: "이번에는 양손으로 의자 옆을 꽉 잡으세요. 숨을 내뱉으면서 한쪽 무릎을 가슴 쪽으로 끌어올립니다. 내 배에 힘이 들어가는지 확인해 보세요. 어르신들, 배에 힘이 있어야 허리가 안 아픕니다. 자, 계단 올라간다는 생각으로 오른쪽, 왼쪽! 하나 둘! 하나 둘! 잘하셨습니다."

고관절 팔팔, 허벅지 튼튼! 다리 벌려 모으기

목적: 고관절 가동 범위 확대 및 허벅지 안쪽(내전근) 근력 강화

효과: 1. 낙상 예방: 골반 주변 근육을 강화하여 걸음걸이의 불균형을 잡습니다.

2. 요실금 예방: 내전근과 연결된 골반저근을 자극하여 비뇨기 건강에 도움을 줍니다.

3. 고관절 통증 완화: 굳어있는 고관절을 부드럽게 풀어주어 보행 시 통증을 줄입니다.

현장 대본:

"어르신들, 우리 몸에서 가장 큰 관절이 어디일까요? 바로 이 고관절입니다! 여기가 굳으면 걷는 게 힘들어지고 자꾸 넘어지게 돼요. 자, 오늘 저랑 같이 고관절에 기름칠 좀 해볼까요?"

"먼저 의자 앞쪽에 살짝 걸터앉으시고요, 양손은 의자 옆을 꽉 잡으세요. 자, 숨을 들이마시면서 양다리를 옆으로 최대한 넓게 벌려봅니다. 개구리처럼요! 고관절이 시원~해지시죠?"

"이제 핵심입니다! 숨을 후~ 내뱉으면서 양 무릎과 허벅지 안쪽을 서로 꽉 붙여보세요. 사이에 종이 한 장이 있다고 생각하고 절대 안 떨어지게 힘을 꽉 줍니다! 엉덩이와 아랫배에도 힘이 들어가나요? 자, 그 상태로 5초 버팁니다! 하나, 둘, 셋, 넷, 다섯! 힘 빼시고~"

"어르신들, 이 허벅지 안쪽 힘이 좋아야 화장실 급할 때 참는 힘도 생기고, 걸을 때 휘청거리지 않습니다. 다시 한번 크게 벌리고~ 꽉 모으고!"

실전 팁:

안전 주의: 다리를 벌릴 때 고관절에 인공관절 수술을 받으신 분이 있는지 확인하고, 수술하신 분들은 통증이 없는 아주 좁은 범위까지만 벌리도록 지도해야 합니다.

도구 활용: 만약 힘을 주는 게 잘 안 느껴진다고 하시는 어르신들께는 "무릎 사이에 수건이나 작은 쿠션을 끼우고 꽉 짜보세요"라고 안내하면 훨씬 효과적입니다.

호흡 강조: 다리를 모으고 힘을 줄 때 숨을 참지 말고 '후' 하고 길게 내뱉도록 유도하여 혈압이 급격히 오르는 것을 방지해야 합니다.

마음 안정 기(氣) 체조 마무리

목적: 자율신경 조절 및 스트레스 해소

현장 대본: "이제 마지막으로 커다란 공을 안았다고 생각해보세요. 따뜻한 기운을 모아서 내 가슴으로 가져옵니다. 깊게 숨을 마시고, 나쁜 기운은 입으로 후~ 내뱉으세요. 오늘 운동하시느라 정말 고생 많으셨습니다. 스스로에게 박수 세 번 시작!"

앉아서 추는 상체 어깨 춤 (의자 댄스)

목적: 상체 가동 범위 확대 및 리듬을 통한 인지 기능 자극

효과: 어깨 오십견 예방, 음악을 통한 우울감 해소, 손과 팔의 협응력 향상

현장 대본:

"어르신들, 댄스는 발로만 추는 게 아니에요! 앉아서 어깨만 잘 흔들어도 뇌는 춤을 춥니다. 자, 신나는 음악에 맞춰 어깨를 으쓱으쓱~ 오른쪽 두 번, 왼쪽 두 번! 이제 양팔을 하늘로

쪽 뻗어서 반짝반짝 별을 따보세요.

자, 이제 옆 사람과 눈을 맞추며 손바닥을 밀고 당기고! 노래 부르면서 하니까 스트레스가 확 풀리시죠? 자, 이 동작 순서 기억하세요. 어깨-별따기-밀고당기기! 갑니다!"

@김소영건강체조티비 의자체조 @100세청춘 시니어 의자체조 메들리유튜브 검색

뇌를 젊게 만드는 시니어 라인댄스 (기초 스텝)

목적: 스텝 암기를 통한 치매 예방 및 사회성 강화

효과: 하체 근력 강화, 방향 감각 향상, 집단 속에서의 소속감 증대

현장 대본:

"자, 이제 일어나실 수 있는 분들은 앞으로 나오세요! 시니어 라인댄스는 줄을 맞춰서 다 같이 같은 방향을 보는 게 매력입니다. 자, 오른쪽으로 세 발자국 가고 톡! 왼쪽으로 세 발자국 가고 톡! 이제 앞을 보다가 오른쪽으로 90도 몸을 돌려보세

요. '어머, 방향이 바뀌었네?' 하고 당황하시죠? 그때 우리 뇌가 엄청나게 회전합니다! 옆 사람과 발을 맞추다 보면 혼자가 아니라는 생각에 마음도 든든해지실 거예요. 자, 신나게 걸어 봅시다!"

파트너와 함께하는 손뼉 댄스

목적: 타인과의 상호작용 및 돌발 상황 대응 능력 향상

효과: 고독감 해소, 정서적 유대감 형성, 손바닥 자극을 통한 뇌 활성화

현장 대본:

"자, 이제 두 분씩 마주 보세요. 제 구령에 맞춰서 내 손뼉 한 번, 상대방 손뼉 한 번! 이번엔 엇갈려서 오른손끼리, 왼손끼리! 아이고, 자꾸 틀리시죠? 괜찮습니다! 틀려서 서로 쳐다보며 웃는 그 순간이 바로 치료의 시간이에요. '우리가 함께하고 있구나' 느끼는 게 중요합니다. 자, 마주 보며 하하하 웃으면서 다시 한번 시작!"

실전 팁 : '틀려도 괜찮다'는 안심: 시니어 댄스에서 가장 중요한 것은 완벽한 동작이 아니라 '즐거움'입니다. 대본에 "틀리면 어때요, 웃으면 그만이지!"라는 멘트를 꼭 넣어주세요.

순서 암기의 강조: "지금 하신 3가지 동작 순서를 기억하는 것이 치매를 막는 약입니다"라고 말하며 인지 훈련임을 인지시켜 드립니다.

음악의 선곡: '사랑의 이름표'처럼 익숙한 트로트나 민요를 배경 음악으로 추천하는 팁을 칸에 넣어주세요.

실전 사례 20]

손바닥 지압과 협응성 공 주고받기

목적: 손바닥 말초신경 자극 및 눈과 손의 협응력 향상

현장 대본: "어르신들, 손에 든 말랑말랑한 공 좀 보세요. 이게 단순한 공이 아니라 우리 뇌를 깨우는 보약입니다. 자, 양손으로 공을 꼭 쥐었다 폈다~ 손바닥이 얼얼하시죠? 이제 공을 위로 살짝 던졌다가 받아보세요. '어이쿠' 소리가 절로 나시죠? 이번엔 박수를 한 번 치고 받아볼까요? 집중하셔야 합니

다. 공을 놓쳐도 괜찮아요, 공 따라가며 웃는 게 바로 운동입니다!"

긴장 백배! 즐거움 백배! 폭탄 돌리기 노래방

준비물: 배구공 크기의 말랑말랑한 공 (또는 풍선), 신나는 트로트 음악

목적: 순발력 강화, 청각 집중력 향상, 집단 내 유대감 형성

효과: 공을 전달하며 손의 소근육을 사용하고, 음악이 언제 멈출지 집중하는 과정에서 인지 능력이 극대화됩니다. 벌칙으로 노래를 부르며 자존감을 높이고 스트레스를 해소합니다.

현장 대본:

"어르신들, 제 손에 든 이 공이 지금부터는 아주 뜨거운 '폭탄'이라고 상상해 보세요! 노래가 시작되면 옆 어르신께 얼른얼른 전달해야 합니다. 왜냐고요? 노래가 딱 멈췄을 때 이 공을 들고 계신 분이 오늘의 '행운의 주인공'이 되어 노래 한 소절을 부르셔야 하거든요!"

"자, 신나는 '내 나이가 어때서' 나갑니다! 옆 사람에게 전달~ 그렇지요! 아이고, 이쁜이 어르신 손이 안 보여요! 아주 빠르십니다. 자, 공이 갑니다, 갑니다! (음악 중간에 박수를 치며) 자, 반대 방향으로! 방향 바꿉니다! 이제 더 정신 바짝 차리셔야 해요!"

"(음악을 갑자기 멈추며) 멈춰! 자, 공 누구한테 있나요? 아이고, 박 어르신이 딱 잡고 계시네! 자, 우리 박 어르신 앞으로 모실까요? 못 한다고 손사래 치지 마시고, 우리가 박수 크게 쳐드리면 멋지게 한 곡 뽑아주시는 겁니다. 자, 우리 주인공에게 응원의 박수!"

"아이고, 가수 저리 가라네요! 목소리가 너무 고우세요. 공을 들고 계셨던 건 벌칙이 아니라, 우리에게 이렇게 멋진 노래를 들려주라고 온 '행운'이었네요. 자, 다시 한번 전달해 볼까요? 이번엔 어떤 가수가 탄생할지 기대됩니다!"

실전 팁 : 의자에 앉은 채로 발을 공으로 붙잡고 옆 사람에게 전달하는 방법으로도 진행할 수 있습니다.

공으로 내전근 강화 무릎 사이 공 짜기

목적: 허벅지 안쪽 근육 강화 및 요실금 예방

현장 대본: "자, 이제 공을 무릎 사이에 딱 끼워보세요. 백만원 수표라고 생각하고 절대 안 뺏기게 꽉 짜보시는 겁니다. 숨을 후~ 내뱉으면서 무릎으로 공을 찌그러뜨리세요! 5초 버팁니다. 하나, 둘, 셋, 넷, 다섯! 힘 빼시고. 이 힘이 있어야 걸음걸이가 당당해지고 화장실 걱정도 사라집니다. 다시 한번 꽉!"

백업봉으로 하는 오십견 비켜! 만세와 노 젓기

목적: 어깨 가동 범위 확대 및 등 근육 강화

현장 대본: "알록달록 백업봉 다들 하나씩 잡으셨죠? 가벼워서 참 좋죠? 자, 양손으로 봉 끝을 잡고 하늘 위로 만세! 기지개를 크게 켜보세요. 이제 봉을 가슴 앞으로 가져와서 배 젓는 것처럼 오른쪽, 왼쪽 크게 휘둘러봅니다. 어깨가 시원~해지시죠? 굽었던 등이 쫙 펴지면서 숨쉬기도 훨씬 편안해지실 거

예요.”

백업봉으로 하는 뇌 기능 향상 봉 끝 맞추기

목적: 시공간 인지 능력 및 집중력 향상

현장 대본: “이번에는 옆에 계신 분이랑 같이 해볼 거예요. 자, 내 봉의 끝이랑 옆 어르신 봉의 끝을 ‘톡’ 하고 맞대보세요. 이번엔 위에서 톡! 아래에서 톡! 자, 이제 서로 봉을 바꿔 잡아 볼까요? ‘하나 둘’ 하면 던져서 바꿔 잡는 겁니다. 집중력 없으면 못 해요! 자, 준비~ 하나, 둘, 셋! 하하하, 다들 놓치셨네? 다시 해봅시다!”

백업봉으로 하는 전신 순발력 봉 떨어뜨리기 잡기

목적: 반사 신경 및 순발력 강화

현장 대본: “봉을 바닥에 세우고 손바닥으로 위를 딱 누르세요. 제가 ‘손 떼!’ 하면 손을 뗐다가 봉이 쓰러지기 전에 다시

잡는 겁니다. 자, 준비… 손 떼! 아이고, 빠르시네요! 이번엔 손 떼고 박수 한 번 치고 잡기! 자, 두 번 치고 잡기! 뇌가 번쩍 깨어나죠? 자, 마지막으로 크게 웃으면서 박수 세 번 치고 잡아봅시다!”

떨어질 걱정 뚝! 그물망 실버공 건강 체조

진행자: “자, 우리 어머님 아버님들! 오늘은 아주 특별한 공을 가져왔습니다. 보세요, 공에 예쁜 그물 옷이 입혀져 있죠? (공을 흔들며) 이 공은 우리 어르신들 손등에 착! 달라붙는 ‘자석 공’이에요. 이제 공 떨어뜨릴까 봐 걱정 안 하셔도 됩니다.

자, 손가락을 그물에 살짝 걸어보실까요?"

1. 준비 운동: 공과 친해지기

진행자: "공을 양손으로 가슴 앞에 딱 잡으세요. 손가락 끝에 힘을 살짝만 줘보세요. 안 떨어지죠? 자, 이 공이랑 같이 우리 몸의 기운을 쭉쭉 늘려보겠습니다!"

2. 본 체조 (음악: '내 나이가 어때서' 또는 느린 템포의 트로트)

① 하늘 높이 쭉쭉! (상체 스트레칭)

"자, 공을 잡고 하늘 높이 만세~! 공이 구름까지 닿게 쭉 늘리세요. 하나, 둘, 셋! 다시 가슴으로 내리고. 한 번 더 쭉~!"

② 허리 비틀기 (옆구리 강화)

"이번엔 공을 앞으로 나란히 하세요. 자, 왼쪽으로 몸을 슥~ 돌립니다. 내 옆에 짝꿍이랑 공으로 인사하세요! '반갑습니다~' 다시 정면, 이번엔 오른쪽으로 슥~! 옆구리가 시원해지시죠?"

③ 독소 배출! 톡톡 (겨드랑이 끼우기)

"자, 이제 중요한 동작이에요. 공을 왼쪽 겨드랑이에 쏙 끼워보세요. 그리고 팔을 내리면서 공을 꾹~ 누릅니다. 여기가 우리 몸의 쓰레기통(림프절)이에요. 꾹꾹 눌러서 독소를 빼야 해

    제1부 나침반 - 시작하는 강사를 위하여

요! 반대쪽도 똑같이 꾹~!"

④ 하체 튼튼! (무릎 사이 끼우기)

"이번엔 공을 무릎 사이에 쏙 끼워보세요. 떨어뜨리지 않으려고 다리에 힘을 꽉 주셔야 해요! 자, 그 상태로 발뒤꿈치만 까딱까딱 들어볼까요? 아이고, 우리 아버님 다리 힘이 청년이시네!"

3. 집중력 게임: 공 전달하기

진행자: "자, 이제 몸이 풀렸으니 옆 사람에게 이 소중한 공을 전달해 볼 거예요. 그런데 이번엔 손바닥이 아니라 겨드랑이에서 겨드랑이로 옮겨보는 겁니다! 떨어져도 괜찮아요, 그물망이 있어서 금방 잡을 수 있어요!"

(♫음악과 함께 릴레이 진행)

4. 마무리: 마음 나누기

진행자: "오늘 공이랑 신나게 노시니까 어떠세요? 평소에 공 잡기 힘들었던 분들도 오늘은 아주 잘하셨어요! 자, 마지막으로 공을 가슴에 꼭 껴안고 내 몸에게 말해줄게요. '고맙다, 사랑한다!' (토닥토닥)"

현장 진행 꿀팁 (Tip)

그물망의 마법: 일반 공에 양파망이나 세탁망을 활용해 직접 만드실 수도 있습니다. 어르신들께 "이건 특수 제작된 안심 공이라 절대 안 도망가요"라고 말씀드려 심리적 안정감을 드리는 것이 중요합니다.

겨드랑이 자극: 겨드랑이에 공을 끼우고 누르는 동작은 순환에 매우 좋지만, 너무 세게 누르지 않도록 속도를 조절해 주세요.

칭찬 멘트: 공을 놓치지 않고 동작을 완수한 어르신들께 "어머님, 오늘 손아귀 힘이 꽉 잡히셨네요! 뇌가 아주 건강해지셨어요!"라고 구체적으로 칭찬해 주세요.

시각적 강조: 색깔이 선명한 공을 사용하면 시력이 약한 어르신들도 위치를 쉽게 파악할 수 있어 집중도가 올라갑니다.

미술을 활용한 인지향상 프로그램
돈 안 드는 뇌 보약, 회상 미술 프로그램

기억의 빨랫줄, 정겨운 우리 집 꾸미기

활동 목표: 1. 과거 생활 모습 회상을 통한 인지 자극, 2. 채색 및 빨래집게 사용을 통한 소근육 발달, 3. 작품 완성을 통한 성취감 및 자존감 향상

1. 도입: 마음 열기 및 주제 회상 (5분)

강사: "어르신들, 안녕하세요! 오늘 날씨가 참 맑죠? 이런 날엔 마당에 빨래 널기 딱 좋은 날씨예요. 어르신들 예전에 집

마당 빨랫줄에 빨래 널어보신 적 있으시죠?"

어르신: (응, 예전에 많이 했지. 빳빳하게 풀 먹여서 널었어.)

강사: "맞아요! 햇볕 좋은 날 빨래를 탁탁 털어서 널면 기분까지 개운해지잖아요. 오늘은 우리 그 정겨운 풍경을 함께 그려보고 만들어볼 거예요."

2. 전개 1: 배경 채색 및 돌담 꾸미기 (15분)

강사: "자, 여기 도안을 한번 보세요. 정겨운 한옥 집이 있죠? 그런데 아직 색이 없어서 조금 허전해요. 어르신들만의 예쁜 색깔로 집과 돌담을 한번 칠해볼까요?"

[활동 가이드]

돌담: "돌담은 하나하나 다른 색으로 칠해도 예뻐요. 이끼가 낀 것처럼 초록색을 섞어보셔도 좋고요."

창문: "창살은 나무색으로 꼼꼼하게 칠해주시면 더 선명해 보여요."

강사: (어르신들 곁을 돌며) "어머, 김 어르신은 돌담에 노란 꽃이 핀 것처럼 색칠하셨네요! 진짜 봄날 마당 같아요."

3. 전개 2: 빨랫줄 연결 및 빨래 널기 (20분)

강사: "이제 집 앞에 튼튼한 빨랫줄을 하나 만들어줄 거예요. 제가 드린 파란색 끈을 양쪽 끝에 고정해 볼까요?"

[활동 가이드]

끈 고정: 양쪽 끝에 테이프나 풀로 끈을 붙이도록 돕습니다.

빨래 종이 접기: 꽃무늬가 그려진 종이를 반으로 접어 빨래 모양을 만듭니다.

집게 사용: "자, 이제 가장 중요한 순서예요! 이 작은 집게로 빨래를 줄에 콕! 집어주세요."

강사: "어르신들, 이 작은 집게를 벌릴 때 손가락 힘이 많이 들어가죠? 이게 바로 손가락 운동이 되고 뇌 건강에도 아주 좋답니다. '내 걱정도 저 빨래랑 같이 말려버린다~' 생각하시면서 널어보세요!"

4. 마무리: 작품 공유 및 소감 (10분)

강사: "우와, 어르신들 집 마당에 아주 예쁜 빨래들이 널렸네요! 보기만 해도 마음이 뽀송뽀송해지는 것 같아요. 오늘 활동해보시니 어떠셨어요?"

어르신: (옛날 생각나고 재밌네. 손을 움직이니까 시원해.)

강사: "그렇죠? 어르신들의 정성이 담긴 이 집은 세상에서 제일 따뜻한 집이에요. 오늘 집에 가서서 오늘 만든 이 풍경처럼 편안한 밤 보내세요. 다음 시간에는 더 재미있는 활동으로 만나요!"

현장 팁(Tip)

난이도 조절: 손아귀 힘이 약하신 어르신은 집게 대신 테이프를 사용하시도록 안내하되, 가급적이면 집게를 사용해 보시도록 격려합니다(소근육 자극).

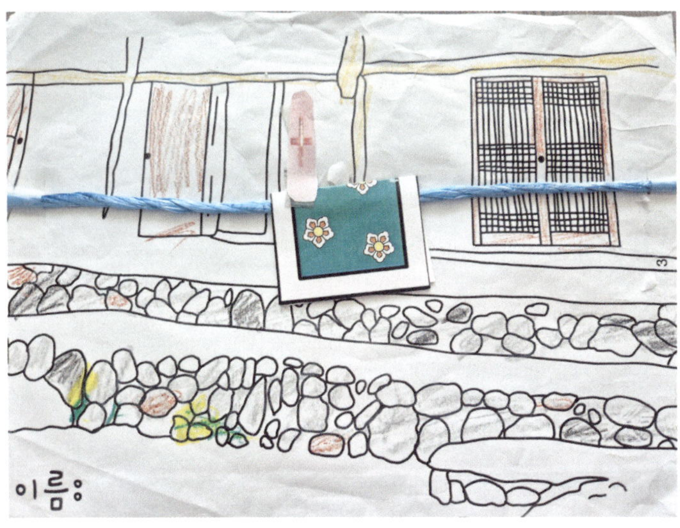

스토리텔링: "이 빨래는 누구 옷인가요?", "손주 옷인가요?" 같은 질문을 던져 어르신들이 스스로 이야기를 만드시게 유도하세요.

칭찬 포인트: 도안의 '이름' 칸에 성함을 정성껏 쓰시도록 하고, "오늘의 예술가 누구누구 어르신 작품입니다!"라고 높여드리면 매우 좋아하십니다.

자료출처 : @ChoisamoTV 최사모TV(개인적 배포 또는 카페, 블로그, 밴드 등 수강생 대상 강의 용도 사용 금지)

복지 현장에서 계신 분들께 도움이 되게 하시길 바라며 아이들과 어르신들의 즐거운 활동을 돕고 싶은 마음으로 운영하시는 유튜브 채널입니다.

기억이 뻥! 행복이 뻥! 추억의 뻥튀기 기계

활동 목표: 1. 뻥튀기에 얽힌 과거 기억 회상을 통한 언어 능력 및 인지 기능 자극, 2. 채색 및 오브제(실제 뻥튀기) 부착 활동을 통한 오감 만족 및 소근육 강화, 3. '뻥이요!' 구호를 통한 스트

레스 해소 및 정서적 환기

1. 도입: 청각과 후각의 기억 깨우기 (5분)

강사: (박수를 크게 세 번 치며) "어르신들! 방금 제 박수 소리 들으셨죠? 옛날 장터에서 이 소리보다 백 배는 더 큰 소리가 나면 맛있는 냄새가 진동하곤 했는데, 그게 뭘까요?"

어르신: (뻥튀기지! "뻥이요~" 하고 소리 지르잖아.)

강사: "맞습니다! '뻥이요!' 소리 한 번에 귀를 막으면서도 입가엔 침이 고였던 그 시절 뻥튀기 기계를 오늘 우리가 직접 꾸며볼 거예요. 벌써 고소한 냄새가 나는 것 같지 않으세요?"

2. 전개 1: 뻥튀기 기계와 포대 채색 (15분)

강사: "자, 여기 도안을 보시면 아주 튼튼한 뻥튀기 기계가 있어요. 이 기계가 뜨겁게 달궈져야 맛있는 뻥튀기가 나오겠죠? 기계와 뻥튀기를 담을 커다란 포대를 예쁘게 색칠해 보겠습니다."

[활동 가이드]

기계 채색: "무쇠 기계니까 검은색이나 회색도 좋고, 뜨거운 열기가 느껴지게 붉은색을 살짝 섞어주서도 멋져요."

옥수수 단지: "기계 밑에 있는 단지 속 옥수수 알갱이들은 하나하나 노랗게 정성을 다해 색칠해 주세요."

3. 전개 2: "뻥이요!" 오감 활동 (20분)

강사: "자, 이제 기계 안에 옥수수를 넣었으니 다 같이 외쳐볼까요? 하나, 둘, 셋, 뻥이요!"

[활동 가이드]

입체감 주기: 준비된 실제 뻥튀기(혹은 팝콘, 동그란 스티로폼 공 등)를 풀이나 목공풀을 이용해 포대 주변과 허공에 붙입니다.

위치 선정: "뻥튀기가 멀리까지 날아갔네요! 여기저기 흩어진 모양으로 붙여보세요."

강사: (어르신들 곁에서) "오 어르신, 뻥튀기가 정말 시원하게 터졌네요! 포대 밖으로 이만큼이나 튀어 나갔어요. 이거 하나 드셔보시면서 하실까요?" (실제 간식용 뻥튀기를 종이컵에 제공하며 미각 자극 병행 가능)

4. 마무리: 맛있는 기억 나누기 (10분)

강사: "오늘 어르신들이 만든 뻥튀기 기계 덕분에 교실 전체가 고소해진 것 같아요. 이 기계에서 나온 뻥튀기처럼, 어르

신들 마음속 답답한 일들도 오늘 '뻥!' 하고 다 날아갔으면 좋겠습니다."

어르신: (그랬으면 좋겠네, 옛날 생각나고 참 좋아.)

강사: "완성된 작품은 잘 말려서 전시해 둘게요. 지나가다 보실 때마다 기분 좋은 소리를 떠올려 보세요. 오늘도 정말 고생 많으셨습니다!"

현장 팁(Tip)

감각 통합: 실제 뻥튀기를 활용할 경우, 붙이기 전에 냄새 맡기 - 만져보기 - 맛보기 과정을 짧게 거치면 인지 자극 효과가 배가됩니다.

 제1부 나침반 - 시작하는 강사를 위하여

주의 사항: 풀을 사용한 후 손을 깨끗이 닦으시도록 안내하고, 붙이는 재료를 입에 넣지 않도록 주의 깊게 살핍니다.

대화 유도: "예전에는 옥수수 말고 또 뭘 튀겨 드셨어요?" (떡국 떡, 쌀, 콩 등) 등의 질문으로 대화를 확장해 보세요.

자료 출처 : 최사모 TV

실전 사례 3]

신문지·전단지 속 제철 밥상 차리기

재료: 마트 전단지(무료), 가위, 풀, 일회용 종이 접시

목적: 분류 능력 향상 및 식사 기억을 통한 회상

효과: 전단지에서 그림을 찾는 과정은 시각적 탐색 능력을, 오리고 붙이는 과정은 소근육을 자극합니다.

현장 대본:

"어르신들, 오늘 장 보러 마트 안 가도 됩니다! 이 전단지에 다 있어요. 자, 여기 종이 접시에 오늘 저녁 '나만의 꿀맛 밥상'을 차려볼 거예요. 내가 좋아하는 생선, 나물, 과일을 전단지에서 찾아서 예쁘게 오려 붙여보세요. 다 차린 뒤엔 옆 사

람에게 '오늘 우리 집 메뉴는 이거야'라고 자랑도 해봅시다. 침이 꼴깍 넘어가시죠?"

종이컵으로 만드는 추억의 달고나·호떡

재료: 쓰고 남은 종이컵, 갈색 색종이(혹은 황토색 전단지), 매직

목적: 입체 구성력 및 옛 간식에 대한 정서적 회상

효과: 종이컵을 구기고 만지는 촉각 자극이 뇌 체조 효과를 줍니다.

현장 대본:

"어르신들, 옛날에 학교 앞에서 먹던 달고나 기억나세요? 모양대로 따기 하다가 부러지면 속상했죠? 오늘은 종이컵을 꾹꾹 눌러서 납작한 호떡이나 달고나를 만들어볼 거예요. 겉에는 매직으로 내가 뽑고 싶은 별 모양, 하트 모양을 그려보세요. 이걸 보면서 누구랑 나눠 먹었었는지 옛날이야기 꽃을 피워볼까요?"

폐상자 종이로 만든 내 이름 명패

재료: 택배 박스 조각, 주위에서 주운 낙엽이나 나뭇가지(혹은 단추), 풀

목적: 자존감 향상 및 소근육 집중력 강화

효과: 딱딱한 박스 종이를 만지고 입체물을 붙이며 공간 인지 능력을 키웁니다.

현장 대본:

"자, 버려지는 박스 종이가 멋진 명패가 됩니다. 가운데에 어르신 함자를 아주 크게, 정성껏 써보세요. 그리고 주변을 길가에 떨어진 예쁜 잎사귀나 나뭇가지로 꾸며보는 겁니다. 세상에 단 하나뿐인 내 이름표예요. '나는 오늘이 제일 젊고 예쁘다!'라고 생각하며 멋지게 꾸며보세요. 완성되면 문 앞에 걸어두셔도 좋겠죠?"

비닐봉지 제기차기와 회상

재료: 검정 비닐봉지, 신문지(뭉쳐서 속 채우기), 고무줄

목적: 대상을 직접 제작하는 성취감 및 신체 협응

효과: 만들기와 운동을 결합하여 인지와 신체 기능을 동시에 자극합니다.

현장 대본:

"옛날엔 제기도 다 직접 만들어 찼잖아요? 신문지를 뭉쳐서 비닐봉지 가운데 넣고 고무줄로 묶어보세요. 남은 비닐은 가위로 갈가리 찢어서 깃털을 만듭니다. 자, 이제 내가 만든 제기로 옆 사람과 '하나, 둘' 세며 차보세요. 발을 움직이니 뇌가 즐겁고, 손으로 만드니 머리가 똑똑해집니다!"

헌 양말로 만드는 스트레스 타파 공

재료: 구멍 난 헌 양말, 쌀이나 콩(혹은 자투리 천)

목적: 촉각 자극 및 감정 분출

효과: 양말 안에 내용물을 채우고 묶는 과정에서 손아귀 힘(악력)이 강화됩니다.

현장 대본:

"집에 구멍 난 양말 버리지 마세요! 그 안에 콩이나 쌀을 채우면 훌륭한 운동기구가 됩니다. 손으로 꽉꽉 주무르면 지압이 돼서 머리가 맑아져요. 자, 다 만드셨나요? 이제 이 공을 높이 던졌다 받으면서 '치매야 가라! 우울함아 가라!' 하고 크게 외쳐보세요. 가슴이 뻥 뚫리실 거예요!"

강사 팁 : 최사모TV 유튜브 검색하면 비싼 재료비 안들고 재미있는 아이디어로 프로그램을 할 수 있어요.

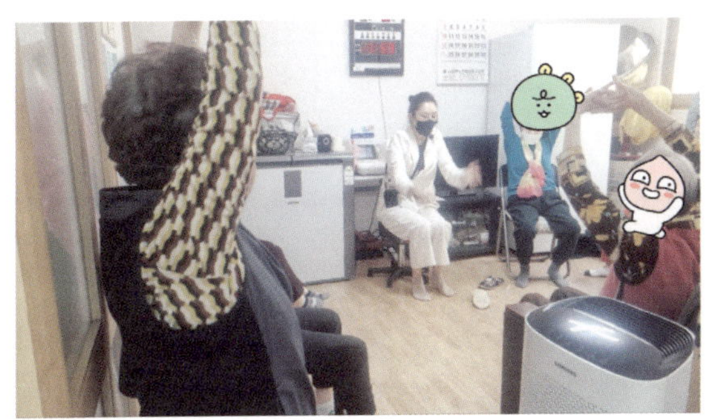

4

회상 인지
프로그램

과거로 떠나는 뇌 여행, 회상 인지 프로그램은 어르신들의 장기억을 자극하여 뇌 혈류량을 늘리고 내가 이런 시절이 있었지라는 자존감을 회복시켜 줍니다.

실전 사례 1]

영화 - 그때 그 시절 은막의 스타

활용: 고전 영화 포스터나 명장면(예: 미워도 다시 한번, 맨발의 청춘)

목적: 시각적 자극을 통한 정서 회상 및 스토리텔링 유도

현장 대본:

"어르신들, 여기 이 포스터 좀 보세요. '미워도 다시 한번' 기억나시죠? 그때 극장 앞에서 줄 서서 기다리던 생각 나세요? 손수건이 다 젖도록 우셨던 분도 계실 거예요. 자, 옆에 분이랑 이야기해 보세요.

이 영화 누구랑 보셨어요? 그때 입고 갔던 옷이나 극장 안의 냄새가 기억나시나요? 그 시절 주인공이 된 것처럼 가슴을 쫙 펴고 웃어봅시다!"

실전 팁 : 이수일과 심순애 영화 줄거리를 얘기해 드리고, 두 사람씩 짝지어 수일 씨 수일 씨 하며 바짓가랑이를 붙잡고 다른 사람은 나를 놔라 하며 뿌리치는 이수일과 심순애 박수를 해봅니다. 마치 영화배우가 된 것처럼 열심히 연기하시며 즐거워하신답니다.

실전 사례 2]

사진 - 흑백 사진 속의 나를 찾아서

활용: 어르신들이 직접 가져온 젊은 시절 사진 (없을 경우 옛날 서울 풍경 사진)

목적: 자기 정체성 확인 및 시공간 구성 능력 자극

현장 대본:

"오늘은 세상에서 가장 귀한 보물을 가져오셨네요. 바로 여러분의 젊은 시절 사진입니다. 이 사진 속 예쁘고 멋진 주인공이 바로 어르신이에요. 사진 속의 나는 몇 살인가요? 이때 가장 즐거웠던 일은 무엇이었나요?

어르신들이 본인이 가져온 사진을 들고 설명하시면 공감해드리고 칭찬을 아끼지 않습니다. 그리고 사진 속 나에게 한마디 해주게합니다. '참 잘 살았다, 고생 많았다!'라고요. 자, 사진 속 나를 향해 크게 하트 그려볼까요?"라고 진행합니다.

방송 - 대한 뉴스부터 전원일기까지

활용: 옛날 방송 시그널 음악이나 로고 (예: 대한뉴스, 수사반장, 전원일기)

목적: 청각적 신호를 통한 시대적 배경 기억 소환

현장 대본:

"(전원일기 음악을 들려주며) 빰빠밤~ 소리 들리시죠? 이 음악 나오면 온 가족이 텔레비전 앞에 옹기종기 모였던 거 기억나세요? 일용엄니랑 김회장님이 생각나시죠? 그때 우리 집 텔레비전은 어떻게 생겼었나요?

문이 달려 있었나요? 다 같이 그때 그 시절로 돌아가서 '전원일기' 배우들처럼 정겹게 인사 나눠봅시다. '아이고, 밥 먹었는가~?'"

실전 팁 : Clipdown을 설치하고 원하는 유튜브 video를 복사하여 PPT에 삽입하거나 핸드폰과 TV모니터를 무선으로 공유하거나 노트북으로 HDMI선으로 연결해서 이용할 수 있습니다.

실전 사례 4]

물건 - 손때 묻은 추억의 보따리

활용: 놋그릇, 다듬잇방망이, 요강, 맷돌 (실물이나 사진)

목적: 촉각적 연상 및 도구 사용법 기억(절차 기억) 자극

현장 대본:

"자, 제가 오늘 특별한 걸 가져왔습니다. 바로 이 다듬잇방망

이예요! 이거 어떻게 쓰는지 다들 아시죠? 자, 손을 쥐고 다듬이질하는 흉내를 내볼까요? '딱딱딱딱!' 리듬을 맞춰보세요. 시어머니 눈치 보며 스트레스 풀던 생각도 나시죠? 자, 이제 이 방망이로 내 어깨랑 다리도 톡톡 두드려주세요. 물건 하나에 우리네 인생이 다 담겨 있습니다."

물건을 보고 떠오르는 기억을 한 분씩 말씀하시게 합니다.

실전 사례 5]

음악 - 내 인생의 주제곡

활용: 어르신들이 젊은 시절 즐겨 듣던 노래 (예: 동백아가씨, 노란 샤쓰의 사나이)

목적: 음악 치료와 인지 훈련의 결합 (가사 맞추기)

현장 대본:

"어르신들이 가장 좋아하시는 노래, '동백아가씨' 한 소절 불러볼까요? '헤일 수 없이 수많은 밤을~' 자, 다음 가사는 뭘까요? 가사를 기억해내는 게 바로 뇌 운동입니다. 노래는 우리 뇌의 가장 깊은 곳을 건드려요. 자, 박수치면서 끝까지 불러봅시다. 노래가 끝나면 이 노래에 얽힌 첫사랑 이야기나 슬펐던 기억을 하나씩 꺼내보는 거예요."

시니어 2.0 시대를 이끄는
힐링 메신저의 길

실전 사례를 마친 강사님들께 드리는 제언입니다. 시니어 강의는 기술이 20%, 진심이 80%입니다. 어르신들의 삶 속에 깊이 스며드는 강사가 되기 위한 십계명을 상세히 풀어봅니다.

제1계명: 눈높이와 더불어 마음높이를 맞춰라

강사의 마음가짐: 어르신들은 살아온 세월만큼 자존감이 높으면서도, 노화로 인해 쉽게 위축됩니다. 어려운 전문 용어는 강사의 권위를 세워줄지 모르나 어르신과의 거리를 멀게 합니다.

(현장 대응): "오늘 우리가 할 운동은 대퇴사두근 강화입니다"
라고 말하는 대신, "아버님, 오늘 이 운동은 손주 보러 갈 때 내
발로 뚜벅뚜벅 걷게 해주는 '천하무적 다리 만들기'입니다"라
고 말씀해 보세요. 일상과 연결된 언어가 최고의 교재입니다.

제2계명: 최고의 교재는 어르신의 이름이다

강사의 마음가짐: 누군가의 부모, 할머니로만 불리던 분들에게
이름을 불러드리는 것은 잃어버린 자아를 찾아드리는 숭고한
행위입니다.

(현장 대응): 강의 시작 전 출석부를 확인하며 이름을 외우려
노력하세요. "어르신, 잘하시네요"보다 "영자 어르신, 오늘 손
동작이 정말 우아하세요"라고 부르는 순간, 강의실의 온도는
1도 올라갑니다.

어르신들의 이름을 알기 위해 수업 초에 '시장에 가면'이란
게임에 '경로당에 가면'이란 게임으로 바꿔서 '경로당에 가면
경로당에 가면 영자도 있고 영자도 있고, 경로당에 가면 경로
당에 가면 희숙이도 있고 희숙이도 있고'라고 게임을 하며 모
든 어르신들의 이름을 다 외워 봅니다.

제3계명: 칭찬은 고래가 아니라 청춘을 춤추게 한다

강사의 마음가짐: 어르신들에게 칭찬은 세상과 연결되는 가장 따뜻한 끈입니다. 사소한 시도조차도 박수받을 일임을 잊지 마세요.

(현장 대응): 결과물이 삐뚤빼뚤해도 "이 색감이 어르신의 정열적인 마음 같네요!"라고 칭찬하세요. 구체적인 칭찬 포인트를 찾아내는 것이 강사의 실력입니다.

제4계명: 기다림도 강의의 일부다

강사의 마음가짐: 시니어의 시간은 우리보다 조금 천천히 흐릅니다. 그 속도를 존중하는 것이 강사가 갖춰야 할 첫 번째 덕목입니다.

(현장 대응): 동작을 따라오지 못하는 어르신이 있다면 전체 진도를 잠시 멈추고 웃으며 기다려주세요. "천천히 하셔도 됩니다. 우리가 어디 가는 거 아니잖아요?"라는 여유가 강의실을 편안하게 만듭니다.

제5계명: 가르치려 하지 말고 함께 놀아라

강사의 마음가짐: 강의실은 배움의 장이기도 하지만, 외로움을

　　　　제1부 나침반 - 시작하는 강사를 위하여

달래는 놀이터이기도 합니다. 강사가 먼저 망가지는 것을 두려워하지 마세요.

(현장 대응): 강사가 실수했을 때 "아이고, 저도 나이가 들었나봐요!"라며 허허 웃어넘기면, 어르신들은 강사에게 동질감을 느끼며 훨씬 더 마음을 활짝 엽니다.

제6계명: 귀는 열고 입은 아껴라

강사의 마음가짐: 어르신들은 가르침보다 들어줌에 목말라 계십니다. 훌륭한 강사는 최고의 경청자여야 합니다.

(현장 대응): 쉬는 시간에 어르신이 다가와 옛날이야기를 하시면 눈을 맞추고 고개를 끄덕여주세요. "정말 고생 많으셨겠어요"라는 짧은 공감이 열 마디 강의보다 낫습니다.

제7계명: 안전은 아무리 강조해도 지나치지 않다

강사의 마음가짐: 안전사고는 강사의 경력을 단절시킬 뿐 아니라 어르신께 치명적입니다. 강사의 예리한 시선이 생명을 지킵니다.

(현장 대응): 강의 전 바닥의 물기, 의자의 간격, 밴드의 찢어짐 등을 매일 체크리스트로 작성하세요. "어르신들, 무리하지

마세요"라는 말을 입버릇처럼 하시는 것이 좋습니다.

제8계명: 최사모 TV처럼 늘 연구하고 변화하라

강사의 마음가짐: 어제와 똑같은 강의는 강사를 매너리즘에 빠지게 합니다. 주변의 모든 사물을 교구로 보는 창의력이 필요합니다.

(현장 대응): 신문지 하나, 종이컵 하나로도 훌륭한 놀이를 만들 수 있습니다. 새로운 시도를 두려워하지 말고 늘 깨어있는 강사가 되세요.

제9계명: 결과물보다 과정의 즐거움을 선물하라

강사의 마음가짐: 미술 작품이 완성되지 않아도, 댄스 스텝이 꼬여도 그 시간에 웃었다면 성공입니다.

(현장 대응): "오늘 우리 많이 웃었죠? 그거면 된 겁니다. 머리도 마음도 아주 가벼워지셨을 거예요."라고 마무리하며 과정의 가치를 일깨워주세요.

제10계명: 강사가 먼저 행복해야 어르신이 행복하다

강사의 마음가짐: 강사의 에너지는 전염됩니다. 내가 행복하

지 않은데 어르신을 즐겁게 할 수는 없습니다.

(현장 대응): 강의실 문을 열기 전, 크게 심호흡하고 가장 밝은 미소를 지으세요. 강사님의 밝은 기운이 어르신들에게 살아 갈 희망과 힘을 드립니다.

첫발을 내딛으려는 강사들에게

대부분 데이케어센터와 요양원, 실버타운 등에서는 경력이 풍부한 강사를 원합니다. 이력서 외에 데이케어센터나 요양원, 치매안심센터 등에서 프로그램 봉사활동을 할 때 핸드폰을 거치대에 고정하고 강사만 녹화해서 같이 제출하세요. 1365 자원봉사 포털에 가입해서 원하는 장소에서 꾸준한 봉사활동을 하시면 도움이 됩니다.

1월에 강사 공고가 올라오는 대한노인회 서울시연합회에서는 초보 강사들을 몇 프로 이상 늘 채용하니 그 기회를 놓치지 마세요. 저도 경로당 복지파트너로 강사 활동을 시작했습니다.

지자체 구청 홈페이지 등에서 채용하는 경로당 파견 강사 공고도 눈여겨보시고 생활체육교실 강사도 도전해 보세요.

1월에 국민보험공단 100세 교실 강사도 채용공고가 있습니다.

시니어 대상 강사의 현장은 경로당, 복지관, 데이케어센터, 요양원, 치매안심센터, 지자체 강사, 실버타운 등입니다. 점점 노령인구가 많아지니 강사도 많이 필요합니다.

자격증 취득 기관으로는 실버인지전문가 양성과정, 여러 분야 양성 과정이 있는 세종대학교 미래교육원(02-6935-2725)이 있고, 여성인력 개발센터와 교육과 강사 파견을 같이하는 대한힐링교육(02-566-8882) 등이 있습니다.

•

시니어 강사,
경제적 자유와 가치를 동시에 잡다

1. 활동처별 표준 강사료 산정

시니어 강사의 강의료는 기관의 성격과 전문성에 따라 다음과 같이 형성되어 있습니다.

입문 단계 (경로당 프로그램): 대한노인회, 건강보험공단 등에서 배정하는 강의로, 1회(50분~1시간)당 35,000원에서 40,000원의 강사료를 받습니다. 보통 지자체에서는 강사의 효율적인 활동을 위해 주 1회 수업을 4군데 이상 묶어서 배정해 주는 경우가 많아 기초 수익의 버팀목이 됩니다.

안정 단계 (복지관, 데이케어센터, 요양원): 보다 전문적인 돌봄과 교육이 필요한 곳으로, 1회당 50,000원에서 100,000원 선의 수익이 발생합니다.

전문 특강 (인력개발원, 주민센터, 기업): 강사 개인의 경험과 노하우가 브랜드가 되었을 때 섭외되는 곳입니다. 시간당 50,000원에서 100,000원 정도인데 3시간, 4시간, 6시간 연속으로 강의하기도 합니다. 본인의 역량에 따라 수익은 더욱 높아질 수 있습니다.

2. 현실적인 월 수익 시뮬레이션

막연한 기대가 아닌, 실제 활동 중인 강사들의 평균적인 스케줄을 바탕으로 산출한 월 수익 모델입니다.

활동 구분	활동 빈도	예상 월 수익
정기 고정 강의	주 3~4회 (월 12~16회)	약 120만 원 ~ 160만 원
기관 및 기업 특강	월 3회 내외	약 60만 원 ~ 120만 원
합계	월 평균	200만 원 ~ 300만 원

이처럼 주중 3~4일 정도의 고정 강의로 안정적인 현금흐름을 만들고, 월 몇 차례의 특강을 더하는 것만으로도 시니어에게는 월 200만 원에서 300만 원의 충분한 수익이 보장됩니다. 이것이 바로 우리가 '시니어 강사'라는 직업에 주목해야 하는 이유입니다.

수익은 단순히 통장 숫자의 증가가 아닙니다. 사회가 당신의 경험에 매긴 '가치의 성적표'입니다. 당신의 지혜가 현장에서 소통될 때, 돈은 자연스럽게 따라오는 결과물일 뿐입니다.

제2부

겨울

— 현직 강사들의 기획부터 상황 대처까지

제1장

나는 시니어 강사인가

좋은 도구를 가졌다고 해서 모두가 좋은 강사는 아닙니다. 진짜 강사는 현장에서 어르신들의 마음을 읽고, 예상치 못한 순간에도 유연하게 대처하며, 다음 수업을 기다리게 만드는 사람입니다.

시니어 프로그램 기획의
5단계 절차

주먹구구식 강의가 아닌, 전문가로서의 기획 프로세스를 점검하세요.

대상 분석: 인지 수준(경증/중증), 신체 가동 범위, 성별 비율 파악.

목표 설정: 오늘 이 수업을 통해 '손 근육을 자극할 것인가', '회상을 통해 정서적 위안을 줄 것인가' 명확히 하기.

콘텐츠 융합: 10가지 프로그램 중 오늘 목표에 맞는 2~3가

지를 조합.

자원 점검: 가방 속 교구 수량 확인, 음악 플레이리스트, 현장 동선 파악.

피드백 설계: 수업 후 어르신들의 반응을 기록하고 다음 기획에 반영하기.

현장 진행 노하우:
마음을 훔치는 3가지 스킬

시선 맞춤과 터치: 한 명 한 명 눈을 맞추고, 어깨를 가볍게 짚어주는 것만으로도 어르신들의 집중도는 2배 이상 올라 갑니다.

언어의 눈높이: 전문 용어는 빼고, 비유와 예시를 사용하세요. "소근육을 강화합니다" 대신 "손가락에 힘이 생겨야 젓가락질이 쉬워져요"라고 말하는 식입니다. 다만 요즘 시니어 교육 대상자의 학력이 높은 곳도 많습니다. 그런 곳엔 전문용어를 적절히 사용하는 것도 대상자의 자존감과 집중력을 높이는 방법이기도 합니다.

목소리보다 마이크: 목소리가 크더라도 시니어 대상자와 차별화가 있어야 집중하기 쉽습니다. 다만 마이크마다 울림의 정도와 소리 크기가 다르니 시니어 대상자가 싫어하는 마이크 소리인지 반드시 확인이 필요합니다.

위기 탈출!
상황별 대처법

현장에서는 언제든 돌발 상황이 생깁니다. 이때가 강사의 '진짜 실력'이 드러나는 순간입니다.

"나 안 해!" 거부하는 어르신: 억지로 참여시키지 마세요. "어르신, 오늘은 구경만 하셔도 돼요. 제가 옆에 있을게요"라며 심리적 부담을 덜어드리는 것이 먼저입니다.

청중 간의 갈등: "왜 내 걸 뺏어!" 하며 다툼이 생길 때, 강사가 즉시 중재하되 어느 한쪽의 편을 들지 말고 "두 분 다 열정적이셔서 그래요"라고 유머로 넘기며 분위기를 전환합

니다.

갑작스러운 건강 이상: 어르신이 어지러움을 호소하거나 안색이 안 좋을 땐 즉시 활동을 멈추고 기관 담당자에게 알리는 위기 대응 매뉴얼을 숙지하고 있어야 합니다.

4

다시 오고 싶게 만드는
참여 지속률의 비결

어르신들이 다음 주를 손꼽아 기다리게 만드는 힘은 '기대감'에 있습니다.

작은 성취의 기록: 지난주에 그린 그림이나 만든 결과물을 전시하고 칭찬해 드려 "내가 여기 오면 뭔가 해내는구나"라는 자존감을 채워주세요.

다음 시간 '예고제': 수업 끝에 "다음 주엔 제가 가방에 '특별한 보물'을 가져올 거예요"라는 예고로 호기심을 자극하세요.

이름 불러드리기: "어르신"이라는 호칭 대신 "○○○ 어르신, 오늘 정말 멋지셨어요"라고 이름을 불러줄 때, 어르신은 비로소 강사와 인간적인 연결을 느낍니다.

강사를 위한 '거울' 질문 (Checklist)

나는 오늘 돌발 상황에서 당황하기보다 웃음으로 분위기를 전환했는가?

나의 프로그램은 어르신들에게 '공부'였는가, 아니면 '살아 있는 기쁨'이었는가?

제2장

[성장] 강사 2.0으로 레벨업: 전문성 인증과 포트폴리오 전략

강사의 실력은 현장에서 증명되지만, 강사의 가치는 '기록'
과 '관리'에서 결정됩니다. 나만의 전문성을 브랜딩하고 시장
가치를 높이는 전략을 소개합니다.

1

강사 역량을 증명하는
전문성 인증

시니어 교육 시장은 갈수록 고도화되고 있습니다. 공신력 있는 인증은 섭외 1순위가 되는 지름길입니다.

국가 및 민간 자격증 취득: 노인생활스포츠지도사, 사회복지사, 치매예방관리사, 레크리에이션지도사, 실버체조지도사, 라인댄스지도사, 미술심리상담사, 음악심리상담사, 전래놀이지도사 등 내 주력 프로그램과 시너지를 낼 수 있는 자격증 리스트업.

전문 교육 수료: NCS 강사 등록하시고 보수교육도 참여해

서 국비과정이나 기관에서 강사로 참여할 때 자격이 되게 하세요. 고용24 홈페이지에서 직업능력개발→훈련 기관·강사→NCS확인강사 신청에서 등록할 수 있습니다.

디지털 리터러시 강화: 이제 시니어 강사도 캔바(Canva), 챗GPT, 줌(Zoom) 활용 능력이 필수입니다. 디지털 도구 활용 능력을 갖추는 것 자체가 강력한 차별화가 됩니다.

2

나를 파는 제안서: 포트폴리오 관리법

기관 담당자가 나를 선택하게 만드는 매력적인 포트폴리오 구성법입니다.

강사 프로필의 정석: 나이와 경력만 나열하는 것이 아니라, '내가 어르신들에게 줄 수 있는 변화'를 한 문장으로 정의(슬로건)하세요.

강의 실적 시각화: 강의하는 모습, 어르신들의 환한 표정, 결과물(미술 작품 등) 사진을 고화질로 아카이빙하세요.

추천사 및 피드백: 강의 후 담당자나 어르신들에게 받은 긍정적인 메시지, 만족도 조사 결과를 반드시 포함하세요.

교육 프로그램 홍보물이나 사진 등을 SNS에 많이 업로드하세요.

강사 레벨업을 위한
3단계 로드맵

성장 단계에 따라 집중해야 할 핵심 역량이 다릅니다.

단계	명칭	핵심 목표	실행 전략
1단계	루키 강사	현장 적응 및 콘텐츠 확보	다양한 프로그램 보조 강사 참여, 나만의 주력 프로그램 1개 완성
2단계	전문 강사	차별화 및 재섭외율 향상	융합 프로그램 개발(음악+회상 등), 강의 후 피드백 반영 및 교안 고도화
3단계	마스터 강사	영향력 확장 및 교육 기획	강사 양성 과정 강의, 책 출간, 나만의 독자적인 교육 브랜드 런칭

4

지속 가능한 성장을 위한
셀프 케어

오래가는 강사는 자신의 엔도르핀도 관리할 줄 압니다.

강사 커뮤니티 활동: 동료 강사들과 정보를 교류하고 힘든 마음을 나누는 네트워크를 만드세요.

강의 모니터링: 내 강의를 녹화해서 보거나 동료에게 피드백을 요청하세요. 거울을 보듯 내 습관과 말투를 점검해야 발전합니다.

체력 및 멘탈 관리: 어르신들에게 에너지를 주는 직업인 만큼, 스스로의 체력 단련과 휴식 시간을 반드시 확보해야 합니다.

당신이 곧 최고의 콘텐츠입니다

책의 마지막 장을 넘기는 당신에게 묻고 싶습니다. 당신은 이제 어떤 강사가 되고 싶으신가요?

우리는 흔히 화려한 자격증의 개수가 강사의 실력을 증명한다고 믿습니다. 하지만 오랜 시간 동안 많은 어르신과 눈을 맞춰온 제가 단언컨대, 어르신들의 닫힌 마음을 여는 것은 벽에 걸린 자격증이 아니라 지금 당신의 눈에 담긴 '진심'과 어르신의 거친 손등을 어루만지는 '온기'입니다.

시니어 강사라는 직업은 단순히 지식을 전달하는 '강의자'

를 넘어, 한 인간의 노년을 함께 걷는 '동반자'가 되는 길입니다. 어르신들에게 당신은 단순히 운동을 가르치는 선생님이 아닙니다. 자식에게도 말 못 할 외로움을 털어놓을 수 있는 유일한 대화 상대이자, 굳어가는 뇌세포에 다시 생명의 불꽃을 지피는 마법사이며, '나도 아직 할 수 있다'는 존엄을 일깨워주는 희망의 증거입니다.

물론 진심만으로 모든 것이 해결되지는 않습니다. 그 귀한 진심이 더 많은 어르신에게 가닿으려면, '당신'이라는 보석을 정성껏 닦고 포장하는 과정이 반드시 필요합니다.

현장의 온도를 읽는 예리한 직관을 기르고, 예상치 못한 상황에서도 여유를 잃지 않는 유연함을 갖추며, 끊임없이 공부하여 전문성을 다지는 노력이 뒷받침되어야 합니다. 강사가 스스로를 신뢰할 때, 비로소 어르신들도 강사를 신뢰하기 때문입니다.

이제 이 책을 덮는 순간, 당신의 가방 안에는 이전과는 다른 무거운 사명감과 함께, 길을 잃을 때마다 꺼내 볼 '나침반'과 스스로를 비춰볼 '거울'이 들어있을 것입니다.

　현장은 때로 고단하고, 당신의 에너지를 다 쏟아부어야 할 만큼 치열할지도 모릅니다. 하지만 기억하십시오. 당신이 건넨 색종이 한 장, 당신과 함께 춘 짧은 댄스 한 자락이 누군가의 아버지를 다시 웃게 하고, 누군가의 어머니를 다시 걷게 만듭니다. 그 경이로운 기적의 주인공은 바로 당신입니다.

　당신의 삶이 곧 최고의 콘텐츠입니다. 당신이 살아온 세월과 그 속에 축적된 지혜가 어르신들의 시간과 만날 때, 세상에 없던 가장 아름다운 강의가 완성됩니다.

　이제 주저하지 말고 당신만의 무대로 나아가십시오. 당신의 진심이 누군가의 어두운 노년을 밝히는 등불이 되기를, 그리하여 당신의 강사 인생 역시 어르신들의 미소만큼이나 찬란하게 빛나기를 진심으로 응원합니다.

　당신은 이미 충분히 준비되었습니다. 이제 무대 위에서 마음껏 빛나십시오.

 에필로그

강사를 위한 현장 맞춤형 강의 계획서 ^(샘플)

단순히 동작만 나열하는 것이 아니라, 60분 수업을 어떻게 배분하는지 보여줌으로써 초보 강사들에게 가이드를 제시합니다.

§1시간 강의 계획서-1

단계	시간	주요 내용	비고
도입	10분	인사 및 출석 체크, 라파카 구강 체조, 5단계 박수	마음 열기
전개 1	20분	노래와 함께하는 좌식 체조 (사랑의 이름표), 고관절 운동	신체 활성화
전개 2	20분	소도구(공/백업봉) 활용 체조 또는 회상 미술 활동	인지 강화
정리	10분	십계명 기반 칭찬 나누기, 명상 및 마무리 인사	정서 안정

§1시간 강의 계획서-2

강습계획서(일일, 월간)

■ 강습 개요

> ○ 강의종목 : 인지훈련.치매예방 놀이
>
> ○ 주 내 용 : 손가락 유희. 노래 듣고 알아맞히기.

■ 일일(1회, 60분) 강습계획서

소요 시간	구분	강습내용	강습효과
10분	인사, 날씨 얘기, 건강, 컨디션 체크, 손가락 유희	양 손 손가락 끼리 두드리기	손가락을 움직여서 뇌에 자극을 주고 계산 능력도 테스트 해본다.
20분	노래 듣고 제목 알아 맞히기	어릴 때 듣던 노래 제목 알아맞히기	기억력 증진과 예전 추억의 노래를 회상시키는 회상요법을 병행하여 치매 예방에 도움을 준다.
20분	건강 체조	실버율동, 토닥토닥 체조	손과 팔을 움직여서 혈액순환을 돕고 뇌에 자극을 줄 수 있다.
10분	마무리 정리	오늘 수업 내용 정리 하며 스트레칭과 다시 만날 약속을 하고 다정한 인사	

데이케어센터 강습일지

■ 강습 개요

> ○ 강의종목 : 레크리에이션
>
> ○ 주 내 용 : 정서강화와 인지의 향상

■ 일일(1회, 60분) 강습계획서

소요 시간	구분	강습내용	강습효과
15분	인사, 건강, 컨디션 체크, 손유희와 건강마사지	◆ 손 건강 마사지와 웃음 박수	프로그램에 집중할 수 있도록 손 건강 마사지를 하고 재미있는 게임으로 인지능력개선을 돕는다
15분	노래와 율동	◆ 어르신들이 좋아하시는 노래를 선택하여 율동 동작을 설명하고 진행	정서강화와 신체활동을 통해 혈액순환을 돕는다.
15분	레크리에이션	◆ 나무젓가락으로 종이컵 전달하는 재밌는 게임	눈과 손의 협응력을 키우고 적극적인 참여와 흥미 유발
15분	스트레칭과 마무리 인사, 실버체조	◆ 의자에 앉아서 할 수 있는 운동으로 마무리	상체와 하체 고루 움직일 수 있게 무리하지 않은 동작으로 지금 가지고 있는 근육을 유지하도록 함

§ 8회 특강 강의 계획서

< 치매인지예방교육 프로그램 계획서 >

○○종합복지관

프로그램명	치매인지예방교육	장소		담당자	
기간		수행시간			
수행목표	• 그룹 활동을 통해 타인과의 교류, 상호작용으로 뇌 인지기능 활성화 도모 • 각종 게임을 통한 신체 협응 능력 기르기 • 레크리에이션 각 영역활동을 통한 인지기능 향상 • 삶의 질(life of quality)향상				
수행계획	• 간단한 스트레칭 • 간단한 손체조·레크리에이션,도구 사용 • 각종게임 • 신나는 음악과 춤추기				
수행방법	1회 신체인지	• 인지 저하는 노화의 과정 • 치매예방하는 생활 습관 • 풍선을 이용한 운동 • 노래와 율동 익히기			
	2회 미술인지	• 손 악력 체조 • 박수 4개 버전으로 두뇌자극 • 굴비 만들어서 팔아보기 • 노래와 율동 익히기			
	3회 회상치유	• 손유희 • 젊은 시절 기억을 불러와서 삶을 위로 해주기 • 영화,드라마,사진,음악 자료 보기 • 노래와 율동 익히기			
	4회 음악인지	• 혀 움직이고 얼굴 근육 움직이기 • 노래 제목 맞히기 • 컵타 • 노래와 율동			

	5회 코그니 사이즈	• 림프 6군데 맛사지 • 두뇌와 운동을 함께 하는 치매예방 체조 • 앉아서제자리 걸음하며 끝말잇기 • 노래와 율동
수행방법	6회 두뇌운동	• 손가락 체조 • 속담 초성 맞추기 게임 • 단어 거꾸로 말하기 • 노래와 율동
	7회 신체 인지	• 귀 맛사지 • 손가락 체조 • 탁구공을 계란판에 던져 넣어 사탕 따먹기 • 노래와 율동
	8회 레크레이션	• 손 바꿔 게임 • 오재미 저글링 • 오재미 게임판에 던지기 • 노래와 율동
비 고		프로그램은 사정에 따라 유동적으로 변경할 수 있습니다.

건강100세운동교실 강습계획서(일일, 월간) /대면□ㅅ 비대면□ㅅ

■ 강습 개요

○ 운동종목: 건강체조

○ 주 내 용: 건강 체조(율동)을 통해서 심폐기능 강화와 근력을 단계적으로 강화·유지·개선하여 건강과 행복도 찾고 자존감을 높여 노후 삶의 질 향상한다.

○ 활용 운동도구: 세라밴드, 공, 풍선, 백업봉, 쌀이 든 물병 등

■ 일일(1회, 60분) 강습계획서

소요시간	구분*	강습내용	강습내용
5분	인사 (라포 형성) 출결 확인 운동 전 안전 확인	• 인사 나누며 마음 열기 및 출석 확인 • 어르신들의 약 복용 및 건강 상태 확인 • 운동 전 안전 확인 • 국민건강보험공단 수업임을 먼저 홍보	• 참여동기 부여 • 수업 시간에 안전한 수업을 하기 위하여 사전 점검
10분	도입·준비운동 손 운동과 몸풀기	• 이완을 돕는 전신 스트레칭 (목·어깨 돌리기,허리,골반돌리기 ,손목,발목 돌리기) • 상·하체 관절 가동 운동 (대·소 근육) • 공단 체조 따라 하기	• 온몸 스트레칭 효과와 준비체조 • 근육 손상 및 부상 예방 • 혈액순환, 통증 완화 • 주의 집중, 인지능력 향상
30분	본 운동	• 도구를 활용한 체조 및 근력 운동 • 실버 체조 • 건강 박수 및 유산소 운동, 저강도 근육운동	• 전반적인 체력 향상 • 근력과 유연성 증가 • 균형감각 향상으로 자신감 증가(회복)

소요 시간	구분*	강습내용	강습내용
10분	정리운동	• 마무리 스트레칭(상·하체)	• 근육통 예방 • 근육 이완을 통한 피로 회복 • 진정 효과
5분	마무리	• 가슴에 손 얹기(나를 안아보기) 　- 내 몸 칭찬하기 • 서로에게 박수 보내기(인사하기) • 운동 후 안전 확인(건강상태확인 등)	• 긍정적인 감정으로 행복한 마무리 : 대인 관계 회복 • 마무리까지 안전 철저히 관리

■ 월간 강습계획서

월 차수	강습내용	강습효과
1	• 오리엔테이션: 건강백세운동교실의 목적 및 과정 설명 　: 어르신들 개별 건강 상태 확인 • 바른 자세와 호흡, 균형감각 지도 • 스트레칭, 상·하체 풀기 운동, 유연성 향상 운동 • 칭찬으로 분위기 업: 서로 이름 불러주며 공 던지기 　→ 실버체조 공 활용	• 바른 자세 유지 및 균형감각 형성 • 근육 이완 및 유연성 증가 • 칭찬 공을 던지면서 상대방과 친밀감 형성
2	• 손목, 발목 관절 스트레칭 및 강화 운동 • 하체 근력 향상과 유연성 강화 근력운동 • 풍선 게임: 풍선을 던졌다가 잡으면서 집중력과 순발력을 키운다. 　→ 풍선 활용	• 관절 유연성 향상 • 풍선 활용한 근육 유연성 • 눈과 손의 협응력을 증가

월 차수	강습내용	강습효과
3	• 어깨 회전 및 이완 운동(상체 유연성 강화) • 백업봉을 이용하여 스트레칭과 음악에 맞추어 쉬운 체조하기	• 어깨 관절 가동 범위 증가 • 목, 어깨 근육 이완 스트레칭과 근육 운동 수업을 쉽게 접할 수 있도록 즐겁게 유도한다.
4	• 고관절 이완 및 대퇴 강화(하체 근력 향상) → 실버체조 공을 활용하여 던지고 잡기, 겨드랑이나 무릎 사이에 끼우고 두드리기 등	• 고관절 가동성 증가 • 허벅지 근력 강화
5	• 쉽게 할 수 있는 근육운동을 세라밴드로 해보기 상체,하체 운동을 밴드를 이용하여 정화하게 근육을 자극해 줌	• 종아리 근력 운동 및 • 혈액순환 촉진 • 밴드운동으로 스트레칭과 근력 운동
6	• 혈자리 마사지 및 림프 순환(면역력 강화) • 손뼉치기 체조: 둘이 함께하는 손뼉체조를 동요와 함께 음악에 맞추어 신나게 하는 체조 → 마사지볼, 손 마사지 활용	• 혈 자리 자극 및 림프순환 촉진 • 동요에 맞춰 하는 손뼉 체조
7	• 얼굴 혈자리 자극(피부 탄력 & 긴장 완화) → 마사지볼 활용	• 얼굴 근육 이완 및 혈액순환 • 촉진(관자놀이, 인중)
8	• 상·하체 근력운동 및 전신 스트레칭 • 공 체조: 공을 이용하여 상·하체 근력운동 → 물병/소프트볼(공) 활용	• 전신 근력 강화, • 유연성 증가 • 쌀이 들어간 물병을 잡고 들어올리기 등 근력 운동
9	• 전신 근력 운동 • 밴드를 이용하여 머리에서 발끝까지 스트레칭과 근력운동 → 세라 밴드 활용	• 근력 및 유연성 증가 • 밴드를 가지고 온몸운동

월 차수	강습내용	강습효과

10	• 팔꿈치·어깨 근육 강화 운동
	• 스트레칭
	• 민요(진도 아리랑)를 접시를 이용하여
	  마주 보고, 노래 부르며 신나는 시간을
	  갖는다.
	  → 접시를 잡고 체조하기
		• 상체 근력 향상, 팔과 어깨
		• 근육의 유연성 증가
		• 민요에 맞춰 모두가 흥겹게
		  잘 따라함

11	• 일상생활에서 자주 사용하는 동작 연습
	• 근력 운동
	• 풍선: 풍선을 이용하여 손가락 운동과
	  근력운동
	  → 물병/ 풍선 활용
		• 일상생활 동작 개선,
		• 근력 강화 및 체력 증진
		• 풍선을 이용한 손 운동

12	• 전신 근력 운동 및 유산소 운동
	• 물병: 손 지압 운동과 걷기, 팔 근력 운동
	  → 세라 밴드 / 물병 활용
		• 전신 근력 및 유연성 향상
		• 복합 운동으로 체력 증진
		• 물병을 이용하여 스트레칭
		  과 팔·다리 운동

시니어 강사 역량 진단 체크 리스트

시니어 강사 2.0 역량 자가진단표

각 문항을 읽고 본인의 현재 상태를 1점(전혀 그렇지 않다) ~ 5점 (매우 그렇다)으로 점수를 매겨보세요.

1. 시니어 맞춤형 공감 역량 (Senior Empathy)

[   ] 나는 시니어의 신체적 변화(노안, 난청 등)를 고려해 강의 환경을 세심히 세팅하는가?

[   ] 나는 학습자의 과거 경험을 존중하며, 그들의 이야기가 강의에 반영되도록 유도하는가?

[   ] 나는 권위적인 태도보다 친근한 파트너로서 학습자와 정서적으로 교감하는가?

2. 콘텐츠 시각화 및 전달 역량 (Instructional Design)

[   ] 나의 교안은 큰 글씨(24pt 이상)와 직관적인 이미지를 사용하여 가
독성이 높은가?

[   ] 나는 전문 용어를 시니어의 눈높이에 맞는 쉬운 일상 언어로 재해석
해 설명하는가?

[   ] 나는 학습자의 속도에 맞춰 적절한 휴식과 반복 학습을 배치하는가?

3. 디지털 도구 활용 역량 (Digital Literacy - 2.0 핵심)

[   ] 나는 스마트폰 미러링, QR 코드 등을 활용해 실전적인 디지털 교육
을 수행할 수 있는가?

[   ] 나는 ChatGPT 등 AI 도구를 활용해 강의 자료를 더 풍성하고 빠르
게 만드는가?

[   ] 나는 학습자들이 디지털 기기에 대해 갖는 막연한 두려움을 해소해
줄 수 있는가?

4. 문제 해결 및 유연성 (Agility)

[   ] 나는 기기 오류나 돌발 질문 등 예상치 못한 상황에서도 당황하지
않고 대처하는가?

[   ] 나는 강의 종료 후 학습자의 피드백을 수용하여 다음 강의를 개선하
려는 의지가 있는가?

진단 결과 활용법

평균 4.5점 이상: '시니어 강사 2.0'의 표본입니다. 후배 강사 양성에 도전해 보세요!

평균 3.5점 ~ 4.4점: 훌륭한 강사입니다. 부족한 특정 항목(예: 디지털 활용)만 보완하면 완벽합니다.

평균 3.5점 미만: 이제 막 시작하는 단계입니다. 본 가이드북의 본문을 다시 한번 정독해 보세요.

시니어 건강 상식 Q&A (전문가 칼럼)

강사가 수업 중 어르신들의 질문에 당황하지 않도록 상식을 정리해 줍니다.

Q1. 무릎이 아픈데 스쿼트를 해도 되나요?

A. 통증이 없는 범위 내에서 의자를 잡고 안전하게 진행하며, 허벅지 근육을 키우는 것이 장기적으로 무릎 통증 완화에 도움이 됨을 설명합니다. 벽에 등을 대고 밀어서 무릎이 안아픈지 확인하고 허벅지 근육에 힘이 들어가는지 집중해서 시간을 점점 늘려간 후 스쿼트 동작을 실행합니다.

Q2. 치매 예방에 가장 좋은 음식은 무엇인가요?

A. 견과류, 등푸른생선 등 뇌 건강에 좋은 음식들을 소개

하며 영양 관리를 돕습니다.

Q3. 나이가 들면 왜 근육이 줄어드나요?

A. 나이가 들면 근육을 만드는 호르몬(성장호르몬, 테스토스테론 등)이 감소하고, 활동량도 줄어들기 때문에 근육량이 자연스럽게 줄어듭니다. 이를 근감소증이라고 부르며, 규칙적인 근력 운동과 단백질 섭취로 예방할 수 있습니다.

Q4. 하루에 물은 얼마나 마셔야 하나요?

A. 일반적으로 성인은 하루 1.5~2리터 정도가 권장됩니다. 시니어는 갈증을 잘 못 느끼는 경우가 많아 의식적으로 물을 챙겨 마시는 것이 중요합니다. 뇌에도 영양 공급과 수분이 필요하며 수분은 젊은 사람보다 더 빨리 빠져나갑니다. 입안에서 냄새나는 노인들이 많은 이유는 입안이 건조해지며 세균번식도 쉬워졌기 때문입니다. 단, 심장·신장 질환이 있다면 의사와 상의해야 합니다. 물을 너무 많이 마시면 전해질 부족으로 위험할수도 있습니다.

Q5. 치매 예방에 도움이 되는 생활 습관은 무엇인가요?

A. 규칙적인 운동 (걷기, 스트레칭, 가벼운 근력 운동)

두뇌 활동 (책 읽기, 퍼즐, 새로운 기술 배우기)

사회적 교류 (친구·가족과 대화, 모임 참여)

균형 잡힌 식사 (지중해식 식단, 채소·생선·견과류)

Q6. 시니어에게 좋은 운동은 어떤 게 있나요?

A. 관절에 무리가 적은 저강도 운동이 좋습니다.

예: 걷기

수영

실버요가, 체어요가

가벼운 아령 운동 (물병으로 활용 가능)

Q7. 건강검진은 얼마나 자주 받아야 하나요?

A. 65세 이상은 매년 1회 정기 건강검진을 권장합니다. 특히 혈압, 혈당, 콜레스테롤, 암 검진(위·대장·폐 등)을 꾸준히 확인하는 것이 중요합니다.

Q8. 잠이 잘 오지 않을 때 어떻게 해야 하나요?

A. 규칙적인 수면 습관을 유지하는 것이 가장 중요합니다.

매일 같은 시간에 자고 일어나기

낮잠은 30분 이내로 짧게

자기 전 카페인·알코올 피하기

가벼운 스트레칭이나 따뜻한 차(카페인 없는 허브티) 마시기

Q9. 시니어에게 필요한 영양소는 무엇인가요?

A. 칼슘 & 비타민 D: 뼈 건강 유지

단백질: 근육 유지

오메가-3 지방산: 심혈관 건강

비타민 B12: 신경 기능과 혈액 생성

Q8. 혈압 관리에 좋은 생활 습관은 무엇인가요?

A. 소금 섭취 줄이기 (저염식)

규칙적인 운동

스트레스 관리 (명상, 호흡법)

금연 & 절주

Q9. 시니어가 자주 겪는 낙상을 예방하려면 어떻게 해야

하나요?

A. 집안 바닥에 물건을 두지 않기

미끄러운 욕실에 미끄럼 방지 매트 설치

적절한 조명 유지

균형 운동(쉽게 할 수 있고 가벼운 근육 운동)으로 몸의 안정

성 강화

Q10. 기억력이 떨어질 때 도움이 되는 방법은?

A. 메모 습관 들이기

일정·약 복용 알람 활용하기

새로운 활동 배우기 (악기, 언어, 퍼즐)

규칙적인 운동과 충분한 수면

강사 자가 진단 및 수업 기록지

수업 기록지 (Lesson Log)

매 수업 후 휘발되기 쉬운 통찰과 피드백을 기록하는 양식입니다.

[수업 정보]

강의명:

일시 및 장소:

참석 인원/대상:

[수업 흐름 및 핵심 내용]

오늘 수업에서 가장 중요하게 다룬 키워드나 학습 목표 달성 여부를 기록하세요.

[Good & Bad (자가 피드백)]

👍 좋았던 점: (학습자 반응이 좋았던 부분, 매끄러웠던 설명 등)

💡 아쉬웠던 점: (시간 배분 실패, 답변이 미흡했던 질문 등)

[학습자 피드백 및 특이사항]

현장에서 직접 들은 코멘트나 돌발 상황을 기록하세요.

[다음 수업을 위한 개선안]

다음 강의 때 반드시 반영하거나 수정해야 할 사항은 무엇인가요?

활용 팁

진단표는 분기별 또는 매월 1회 작성하여 본인의 성장 곡선을 확인하세요.

수업 기록지는 강의 종료 후 30분 이내에 작성할 때 가장 생생한 인사이트를 얻을 수 있습니다.

추천 음악 및 소도구 구매 리스트

시대별 유행가 운동곡 리스트

1. 1950년대: 경쾌한 리듬의 시작 (트롯 & 부기우기)

박자가 일정하고 정직하여 가벼운 스트레칭이나 제자리 걷기에 좋습니다.

아리조나 카우보이 (명국환): 경쾌한 컨트리풍 리듬으로 가볍게 몸을 흔들기 좋습니다.

노란 샤쓰의 사나이 (한명숙): 50년대 말~60년대 초를 대표하는 스윙 리듬 곡으로 발맞춰 걷기에 최적입니다.

슈샤인 보이 (박단마): 빠른 템포의 부기우기 리듬이 활동적인 에너지를 줍니다.

2. 1960년대: 락앤롤과 댄스 음악의 도입

본격적으로 박자감이 생겨나며 팔다리를 크게 움직이는 운동에 적합합니다.

빨간 구두 아가씨 (남일해): 씩씩한 행진곡풍 박자로 활기찬 시작에 좋습니다.

키다리 미스터 김 (이금희): 빠른 템포와 통통 튀는 리듬으로 유산소 운동에 적합합니다.

월남에서 돌아온 김상사 (김추자): 절도 있는 리듬감이 있어 체조나 단체 율동에 활용하기 좋습니다.

노란 샤쓰 입은 사나이 (한명숙): (60년대 초반까지 대유행) 대중적인 박자로 누구나 따라 하기 쉽습니다. 가벼운 어깨 움직임이나 골반 움직임으로 의자에 앉아 리듬을 즐기는 댄스로도 가능합니다.

3. 1970년대: 고고 리듬과 디스코의 유행

박자가 강렬해지며 운동 강도를 높일 때 사용하기 좋은 곡들이 많습니다.

그대여 변치 마오 (남진): 빠른 고고 리듬으로 심박수를 올리기 좋습니다.

미인 (신중현과 엽전들): 반복되는 리프와 강한 비트가 전신 운동에 효과적입니다.

나 어떡해 (샌드페블즈): 대학가요제 특유의 젊은 에너지가 느껴지는 곡입니다.

영일만 친구 (최백호): 시원시원한 박자로 크게 걷거나 팔 운동을 할 때 추천합니다.

4. 1980년대: 댄스 음악의 황금기

가장 빠른 템포와 화려한 비트로 고강도 운동이나 즐거운 댄스 시간에 적합합니다.

어쩌다 마주친 그대 (송골매): 강한 베이스 리듬이 운동의 흥을 돋워줍니다.

남행열차 (김수희): 국민적인 리듬감으로 단체로 박수를 치며 운동하기 가장 좋은 곡입니다.

빙글빙글 (나미): 디스코 박자의 정석으로 가벼운 댄스 운동에 필수적인 곡입니다.

인디언 인형처럼 (나미): 80년대 말 댄스 열풍을 일으킨 곡으로 빠른 동작을 소화하기 좋습니다.

수업 활용 팁

준비 운동 (50~60년대): 익숙하고 정겨운 멜로디로 몸을 천천히 풉니다.

본 운동 (70~80년대): 비트가 강한 곡들로 신나게 활동량을 높입니다.

정리 운동 (60년대 서정적인 곡): '동백아가씨'나 '하숙생' 같은 조금 느린 곡으로 호흡을 가다듬으며 마무리하세요.

7080 추억의 인기가요 1960년대 베스트 유튜브 검색 ; 1960년대 대표적인 히트곡들을 모아놓아 수업 중 시대를 설명하거나 당시의 경쾌한 리듬을 배경으로 활용하기에 적합합니다. 전통 트로트만 사용하지 말고 가끔씩 병행해서 사용해 보시고 반응을 체크해두고 활용하세요.

당신은 시니어의 내일을 바꾸는 '희망의 증거'입니다

어느덧 책의 마지막 장을 덮으려 합니다.

이 책에 담긴 수많은 실전 사례와 대본, 그리고 미술과 음악, 댄스를 아우르는 프로그램들은 사실 단순한 '수업 내용'이 아닙니다. 그것은 데이케어센터의 차가운 의자에 앉아 오직 강사님만을 기다리던 어느 아버님의 '간절한 눈빛'이었고, 손가락이 마음대로 움직이지 않아 속상해하시던 어느 어머님의 '눈물 어린 노력'이 빚어낸 기록들입니다.

우리는 단순히 체조 동작을 가르치는 사람이 아닙니다. 어르신들이 잊고 지냈던 자신의 이름을 다시 부르게 하고, 희미해진 옛 기억을 선명한 그림으로 그려내게 하며, 굳어진 근육 사이로 다시금 웃음꽃이 피어나게 하는 '인생의 힐링 메신저'입니다.

현장은 늘 쉽지만은 않을 것입니다. 정성껏 준비한 교구를 어르신들이 낯설어하실 수도 있고, 오늘 공들여 가르쳐드린 동작을 내일이면 씻은 듯 잊으실지도 모릅니다. 하지만 결코 실망하지 마십시오. 강사님이 어르신의 눈을 맞추며 건넨 "영자 어르신, 정말 잘하셨어요!"라는 그 한마디는 어르신의 뇌 속에, 그리고 가슴속에 세상 그 무엇보다 강력한 보약으로 남을 것이기 때문입니다.

우리가 함께 움직이는 이 1시간이 '시니어 2.0' 시대를 살아가는 어르신들에게는 '스스로 살아갈 수 있는 용기'가 되고, '치매라는 두려움을 이겨낼 수 있는 방패'가 됩니다. 이 자부심 하나로 저 또한 여러분과 함께 현장에서 땀 흘리며 달리고 있습니다.

　부디 이 책이 여러분의 가방 속에서 손때가 묻고 낡아질 만큼 자주 펼쳐지기를 소망합니다. 현장에서 마주할 수많은 '오늘의 기적'들을 응원하며, 저 또한 늘 더 좋은 아이디어와 따뜻한 마음을 품고 88세까지 여러분 곁을 지키겠습니다.

　어르신의 청춘을 깨우는 당신, 당신이 바로 시니어의 내일을 바꾸는 '희망의 증거'입니다.

　감사합니다. 사랑합니다.

시니어 강사
2.0

펴 낸 날   2026년 3월 12일 초판 1쇄

지 은 이   이상희
펴 낸 이   박지민
책임편집   김현호
책임미술   롬디
마 케 팅   박종천, 박지환

펴 낸 곳   모모북스
          경기도 파주시 지목로 89-37 (신촌로88-2) 3동 1층
          전화 010-5297-8303   02-6013-8303   팩스 02-6013-830
          등록번호 2019년 03월 21일 제2019-000010호
          e-mail pj1419@naver.com

ⓒ , 2026
ISBN 979-11-90408-84-4 13690

- 책값은 뒤표지에 있습니다.
- 잘못된 책은 구매하신 곳에서 교환해드립니다.
- 모모북스에서는 여러분의 소중한 원고를 기다립니다.
  투고처: momo14books@naver.com